中国养老
行业发展报告
2024

Report on the Pension and Caregiving Industry in China

罗守贵 谈义良◎主编

上海交通大学出版社
SHANGHAI JIAO TONG UNIVERSITY PRESS

内容提要

本书是 2024 年中国养老行业发展报告,从宏观分析、专题解析、案例分析和政策分析四个角度介绍了养老行业发展的成就和挑战。宏观分析篇重点介绍了银发经济的兴起及其未来发展和养老业态的融合发展。专题分析篇介绍了 2024 中国候鸟式养老栖息地适宜度评价报告。案例分析篇分别介绍了养老行业企业九如城的三年行动计划、东犁退休俱乐部跨界转型案例,以及北京市朝阳区"一键呼"老年服务案例。政策分析篇,分别就对国家层面、黑龙江省、吉林省、河北省、山西省、湖南省、江西省、广西壮族自治区和西北四省的养老政策进行了解读。

本书适合民政部门、卫健部门、养老机构等与养老或康养相关的机构、关注人口老龄化及相关社会经济发展问题的学术机构的研究人员阅读。

图书在版编目(C I P)数据

中国养老行业发展报告. 2024 / 罗守贵,谈义良主编. — 上海 :上海交通大学出版社,2025.4. — ISBN 978-7-313-32652-2

Ⅰ. F726.99

中国国家版本馆 CIP 数据核字第 2025DX3144 号

中国养老行业发展报告(2024)
ZHONGGUO YANGLAO HANGYE FAZHAN BAOGAO(2024)

主　　编:罗守贵　谈义良

出版发行:上海交通大学出版社　　　　　地　　址:上海市番禺路 951 号

邮政编码:200030　　　　　　　　　　　电　　话:021 - 64071208

印　　刷:苏州市越洋印刷有限公司　　　经　　销:全国新华书店

开　　本:710mm×1000mm　1/16　　　印　　张:12.75

字　　数:176 千字

版　　次:2025 年 4 月第 1 版　　　　　印　　次:2025 年 4 月第 1 次印刷

书　　号:ISBN 978 - 7 - 313 - 32652 - 2

定　　价:78.00 元

《中国养老行业发展报告（2024）》编委会

（按姓名汉语拼音排序）

奚俊芳　上海交通大学行业研究院养老行业研究团队研究员、安泰经济与管理学院副教授

张国安　上海卓代企业管理有限公司总裁、首席顾问、博士，上海交通大学行业研究院研究员

赵一洪　福寿康集团联合创始人、副总裁，上海交通大学行业研究院养老行业研究团队研究员

郑育家　上海交通大学行业研究院养老行业研究团队研究员、安泰经济与管理学院讲师、博士

总　序

2018年9月，上海交通大学安泰经济与管理学院(简称"安泰")提出了"纵横交错，知行合一"的学院战略，旨在彻底改变商学院的研究范式，回归到理论与实践紧密结合的商学研究本源。传统的商学研究范式主要是以学科为导向，这种(学术)研究我们称之为"横向"，而安泰战略是在传统的研究范式基础之上，开拓"纵向"的行业研究，即以行业问题为导向的研究，其目的是打造一个学术研究与行业研究相辅相成、交错发展的新商学生态。

2018年年底，上海交通大学行业研究院应运而生。这是安泰经管学院改革探索的"桥头堡"，旨在汇集各方资源，推动学院派行业研究的发展，并把行研成果用来反哺科研与教学，不断提高商学院的社会贡献。在过去的几年里，我们非常高兴地看到行业研究的理念已经得到安泰的广大师生和校友们的积极响应，企业与社会调研、跨界交流与合作蔚然成风，行业讲座与课程如雨后春笋，行业研究系列成果正在逐渐形成，一个跨学科、跨院校、跨学界业界的行业研究生态已现雏形。

"上海交通大学行业研究院行研成果丛书"是传播安泰行业研究系列成果的一种重要形式。我们希望通过该丛书把安泰行业研究团队取得的一些重要成果收集起来，分行业汇编成册、广泛传播。如果这些成果最终能够在经济社会发展中起到一定的推动作用，那么我们将感到无比欣慰。

在此，也一并向社会各界长期以来对安泰的发展给予的关注与支持表示衷心的感谢！

上海交通大学安泰经济与管理学院院长

上海交通大学行业研究院院长

2021 年 12 月

自序一

时光荏苒,转眼《中国养老行业发展报告》连续出版第四个年头。

伴随中国人口老龄化程度的加深,老龄人口结构性调整幅度进一步凸显,养老需求加速从传统生存型向舒适型和享受型转变,老年人消费能力与意愿不断提升,给中国养老产业带来了前所未有的发展机遇,养老产业的市场活力与创新动力不断增强,银发经济的潜力逐渐释放。

2024 年 1 月 5 日,《关于发展银发经济增进老年人福祉的意见》作为国办 1 号文发布,这是继 2013 年国务院发布了 35 号文件《关于加快养老服务业发展的若干意见》被业界称为养老产业发展"元年"之后,我国出台的首个支持银发经济发展的专门文件,不少人再次称 2024 年为银发经济"元年"。这个文件的出台,对于推动我国银发经济进一步规模化、标准化、集群化、品牌化发展,加快构建居家社区机构相协调、医养康养相结合的养老服务体系有极大的促进作用。无论央企国企、地方国有资产还是普通社会资本,以往从未涉足养老领域的市场主体也都把视野投向康养项目,开始布局养老产业。既往踏入养老行业的市场主体也都在拓展项目和业务,深耕这片尚未被充分开发、充满生机与活力的"深蓝大海"。作为未来 20 年充满机遇的深蓝领域,银发经济还催生出充满诱惑力的职业新风口、产业新赛道。

与此同时，几乎所有的社会力量，也都热情地关注到与养老相关涉的生产、制造、服务领域存在无限的可能。我们不难发现，中国银发经济的内涵不断丰富，涵盖老年用品、智慧健康养老、康复辅助器具、抗衰老、养老金融、老年旅游等多个领域，中国银发经济有足够深阔的市场容纳各类主体充分竞争、成长壮大。中国地方政府，从省、地市直至县区基层部门，无不结合自身实际，纷纷制定行动方案，描绘政策路径，促进本域本土银发经济的发展。更有多地政府筹划银发经济产业园建设，积极布局银发产业，按照产业集群化发展方向，实施"造链、强链、补链、延链"工程，通过扩大优质老年用品供给、推动适老化改造、促进养老金融产品创新、发展老年旅游等举措，促进传统产业转型升级，推动新兴产业崛起成势，优化发展现代服务业，引导本地银发经济特色发展，建设银发经济发展高地。

站在新的历史起点，中国养老现代化进程加速推进，中国养老行业发展和银发经济面貌焕然一新，成绩斐然。过去的一年，中国养老行业面临一系列难题，全面提升养老服务的供给能力和质量水平，持续解决农村养老服务短板，消除异地养老政策障碍，着力补齐养老服务领域的薄弱环节，确保城乡养老服务均衡发展；聚焦"家门口"养老服务的落地，切实解决老年人关心的"急难愁盼"，强化政府、市场、社会的协同治理，推动养老事业与养老产业协同发展，以上种种，中国养老行业已做出了不一样的努力。

老有所养，是习近平总书记念兹在兹的"国之大者"，是亿万老年人及其家庭的热切期盼。2024 年 12 月，中共中央、国务院印发《关于深化养老服务改革发展的意见》，对加快建设适合中国特色的养老服务体系、更好保障老有所养作出顶层设计。未来，我们更加期待，在全面建设社会主义现代化国家的新征程中，中国养老行业书写更加精彩、华美的篇章。

谈义良
香港城市大学工商管理博士
九如城集团创始人
民政部全国养老服务业专家委员会委员
2024 年 12 月

自序二

2024年1月15日,国务院办公厅发布《关于发展银发经济增进老年人福祉的意见》(以下简称《意见》)。《意见》指出,要"实施积极应对人口老龄化国家战略,坚持尽力而为、量力而行,推动有效市场和有为政府更好结合,促进事业产业协同,加快银发经济规模化、标准化、集群化、品牌化发展,培育高精尖产品和高品质服务模式,让老年人共享发展成果、安享幸福晚年,不断实现人民对美好生活的向往"。

1月22日,国务院新闻办公室举行政策例行吹风会,国家发改委、工业和信息化部、民政部、商务部相关部门领导共同出席,针对《意见》进行交流并答记者问。

从养老的角度看,《意见》的发布具有标志性意义。在传统的观念中,养老是被动的。人老了,需要被赡养。一个家庭如果有老人,就意味着这个家庭增加了一份负担;一个社会老龄化了,就意味着全社会的负担开始增加。这种负担是客观的,既有经济上的,也有文化上的。古今中外,赡养老人问题虽然在法律、伦理道德、社会舆论、亲情友情等共同作用下得以解决,但总体基调是被动的——对应的词语一般是"支持""制约""保障""避免"等。

银发经济的提出则属于积极老龄化态度的表现。从经济发展和人口生态角度看，老龄化是社会进步的必然结果。一方面，医学科技的进步和营养条件的改善不断延长人类的寿命；另一方面，劳动生产率的提高使人们逐步摆脱了单纯靠人口再生产维持生产力的被动局面，无须受养儿防老的制约。既然如此，我们就应当欣然接受老龄化的结果，欣然接受老龄化社会。

截至 2024 年底，中国 60 岁及以上老年人口数量达到了 3.1 亿，占全国总人口的 22%，其中 65 岁及以上人口达 2.2 亿，占全国总人口的 15.6%，表明我国已经进入中度老龄化社会。从现在开始到 2035 年，我国平均每年将新增约 2200 万老年人口，净增 1000 万以上老年人口。这意味着在 2035 年之前，我国 60 岁以上人口将突破 4 亿，在全国总人口中的占比将超过 30%，我国将进入重度老龄化阶段。

未来，全国总人口中将有三分之一乃至更多为老年人口，他们的生活方式和消费特点将构成整个社会经济系统的重要组成部分。从积极老龄化的角度看，这没有什么可怕的。相反，这个群体为社会提供了大量的就业岗位。老年人在衣食住行、医疗保健、文化教育、社交服务、金融服务、法律服务等多方面的养老需求为年轻人提供了丰富的就业机会。从资金循环的视角看，这无非是老年人把他们的养老金和年轻时的积蓄拿出来购买养老服务，资金从老年一代流到了年轻的一代。

2023 年，我的一位从事养老工作的朋友退休了。2024 年夏天，她的一个重要安排是欧洲自驾游，一路从北欧的冰岛、丹麦、挪威，到中欧的德国、捷克，再到东欧的奥地利等国，从 6 月 20 日到 7 月底，全程长达 40 天。她告诉我，她把行程安排得非常宽松，甚至在哪个城市待几天都不是那么严格——计划可以随心情灵活调整。这是在职工作的人没法做到的。

我还有更多的退休朋友每年都安排一次或多次国内旅行，这些都是养老生活的一部分。当然,更多的养老生活不是那么浪漫而惬意的旅行,也不是每个人都有经济条件安排那么多的高质量旅行、休闲或疗养。

但每一位老年人都要度过退休后或长或短的老年生涯,有人数年,有人长达数十年。国家统计局的数据表明,2020 年我国男女平均预期寿命分别为 75.37 岁和 80.88 岁。按照现有企业男女退休年龄 60 岁和 50 岁计算,男女退休后的平均余寿分别达 15 年和近 31 年。即使今后采取渐进式延迟退休政策,随着平均寿命的延长,退休后的余寿仍将继续保持很长的时间。在这一过程中,从柴米油盐到文化娱乐和医疗保健,老年人的各种物质文化需求构成了规模可观的养老服务市场,这就是银发经济。

老人的存量财富和流量收入(养老金等)如何安全、公平、物有所值地流向养老服务机构和服务人员? 如果我们能够逐步处理好这个问题,那么养老产业的发展也可以是和谐的,银发经济也可以是美好的。我在"知乎"上看到有位叫错错的知友说"退休金本质上是购物券——购买别人劳动力的券",从经济上来看的确如此。

换句话说,作为养老供给方,养老机构和养老服务人员要能够提供与老人支付相匹配的服务数量和质量——当然有些是由政府或其他个人和组织提供的。在更加广义的范围内,未来整个经济体系的三分之一以上产品和服务是提供给老年人的。在这一过程中,供需之间不仅要符合市场经济的等价交换原则,还要体现中国悠久的尊老爱老传统文化以及社会主义核心价值观。

2024 年暑假,我前往 2024 中国候鸟式养老夏季栖息地适宜度指数排名第一的贵州省六盘水市调研。这里凉爽的气候吸引了大量的避暑"候鸟老人",当然也有很多年轻人。我欣喜地看到,夏季候鸟式养老带火了当地的旅游业。不过当地也遇到了繁荣的烦恼——供给的季节性不足。为此,当地旅游部门和养老服务部门采取了很多措施予以缓解,并且初见成效。我觉得这就是银发经济,当地在获得旅游收入的同时,为老年人创造了幸福生活。

老年一代与年轻一代在年龄上有序更替,在文化上有序传承,在经济结构上有序互补,这是我们的理想。

银发经济要有量,更要有质。

罗守贵

上海交通大学安泰经济与管理学院特聘教授

上海交通大学行业研究院养老行业研究团队负责人兼首席专家

上海交通大学智慧健康养老与银发经济研究中心主任兼首席专家

上海市城市经济学会会长

2024 年 12 月

目　录

宏观分析篇

银发经济的兴起及其未来发展

一、银发经济的供给与需求侧特征

2024 年,我国 60 岁及以上老年人口突破 3 亿,占全国总人口比重达 22%,我国已进入中度老龄化阶段。伴随着人口老龄化,银发人群的需求迅速增长,逐渐成为社会各界关注的热点。据国家信息中心经济预测部测算,2024 年我国银发经济规模约为 7 万亿元人民币,占 GDP 比重大约为 6%。到 2035 年,银发经济规模预计可达到 30 万亿元人民币,银发经济有望成为一个新的增长蓝海。

(一)银发经济的内涵与外延

银发经济的概念可以追溯到我国的老龄事业和老龄产业,但是不同的是,银发经济包括了供给与需求两侧。就供给侧而言,一般来说,老龄事业突出兜底性、公益性和政府主导的特征;而老龄产业则是指以生产为目的,具有营利性质的规模化、市场化活动,二者从供给侧刻画了我国的养老服务的特征。就需求侧而言,"经济"一词还必需考虑需求,经济学对"需求"的定义是"愿意而且能够购买"。换句话说,如果仅有供给,没有需求,就不能构成经济的闭环;或者供给和需求不相匹配,经济也不能很好地运行。因此,"银发经济"是一个既包括供给侧,又包括需求侧的概念,既强调了政府和市场对养老服务体系的建设以及产品和服务的供给,也包涵广义上的养老服务需求。

　　具体而言，银发经济的内涵随着政策的出台而不断丰富。2017年中共中央、国务院《关于开展质量提升行动的指导意见》首次提到"银发经济"，提出加大银发经济群体和失能群体产品供给；2021年，《中华人民共和国国民经济和社会发展第十四个五年规划和二〇三五年远景目标的建议》中提到，"发展银发经济，开发适老化技术和产品，培育智慧养老等新业态"；二者都强调了老龄人口的需求，及其供给的经济价值。随着我国老龄化程度的加深，养老问题成为社会迫切需要面对的问题，如何理解以及发展银发经济成为政策关注的热点。2024年，国务院办公厅1号文件聚焦银发经济，在《关于发展银发经济增进老年人福祉的意见》（简称《意见》）中对银发经济给出了正式定义："银发经济是向老年人提供产品或服务，以及为老龄阶段做准备等一系列经济活动的总和。"根据该定义，银发经济的对象不仅包含"老年阶段的老龄经济"，还包括"未老阶段的备老经济"，进一步丰富了银发经济的内涵。将"未老阶段"人群纳入银发经济的范畴系积极应对人口老龄化国家战略框架下的总体考虑，也是因为老年阶段与未老阶段并不能割裂开来，应当有机统筹。

　　从产业覆盖面看，银发经济涉及产业链长、内容多。本章按照华经产业研究院的定义方式，从本位产业、相关产业和衍生产业三个角度对银发经济包括的产业进行梳理（见表1）。首先，从本位产业上来说，银发经济包括"衣、食、住、行"，涉及老年服饰、老年餐饮、养老机构及设施、老年房地产、家政服务、健康护理等传统实物消费以及服务。其次，从相关产业上说，银发经济包括养老机构及其设施产业链上的专业家具、专业易耗品、专业设备等，健康护理产业链上的护理人员培训、劳务派遣、护理专业用品、治疗和康复辅具，还包括与健康管理和丰富老年生活相关的众多产业，如健康咨询、慢病管理、抗衰老产业、文化旅游、健身休闲、营养保健、教育培训等产业。最后，从衍生产业上说，银发经济与家庭进行适老化调整息息相关，包括养老金融、长期护理保险，以及公共场所、居家环境和智能产品的适老化改造等。

从未来的发展导向看,银发经济发展空间广阔。根据 2023 年 7 月国家发改委组织召开的"推动银发经济发展"座谈会内容,为积极应对老龄化,要"促进事业产业协同,银发经济的发展要朝着规模化、标准化、集群化、品牌化方向发展"。此外,根据《意见》,银发经济将重点谋划布局老年用品、智慧健康养老、康复辅具、抗衰老产业、养老金融、旅游服务以及适老化改造七大潜力产业。

表 1　银发经济包含的产业范畴

银发经济	具体行业
本位产业	老年服饰、老年餐饮、养老机构及设施、老年房地产、家政服务、健康护理
相关产业	养老机构及其设施产业链上的专业家具、专业易耗品、专业设备等; 健康护理产业链上的护理人员培训、劳务派遣、护理专业用品、治疗和康复辅具; 健康咨询、慢病管理、抗衰老产业、文化旅游、健身休闲、营养保健、教育培训等
衍生产业	养老金融、长期护理保险; 公共场所、居家环境和智能产品的适老化改造等

(二)银发经济的供给特征

1. 多元化主体

银发经济具有供给主体多元化特征。在长期的实践中,我国充分发挥有为政府以及有效市场的力量,共同提供高质量、多层次的养老服务和产品。政府力量在民生工作以及养老事业上发挥着基础作用,是兜底型、公益型、普惠型养老服务的主要承担者,并且是各种为老服务的倡导者和推动者。根据《意见》,面向老年群体,发展民生事业,政府的责任目标包括:养老助餐服务、居家助老服务、社区便民服务、老年健康服务、养老照护服务、老年文体服务和农村养老服务七大项目;其具体实施内容见表2。除此以外,政府还承担着市场构建、营商环境、制定行业标准、强化要素保障等职责。

截至 2022 年底,我国有 64 万余家企业名称或经营范围含"养老""老年"等字样,其中 5 年内成立的企业约占 57%。国有企业、民营企业、外资企业、公建民营等社会资本都是当前银发经济的主体类型,多种形式的主体为养老产业可持续发展注入了市场活力。根据《意见》定位,国有资本在银发经济中发挥示范引领作用,鼓励国有企业结合主营业务拓展银发经济相关业务;充分发挥民营资本的作用,打通不合理的市场准入壁垒,促进信息、资源共享,统筹协调多元主体。

表 2 发展银发经济的政府角色

政策关键词	具体内容
养老助餐服务	(1)引导餐饮企业、物业服务企业、公益慈善组织发展老年助餐,推动养老机构面向社会开展老年助餐服务
	(2)引导外卖平台、物流企业等经营主体参与老年助餐配送
	(3)完善多元筹资机制,允许有条件的地方给予老年助餐服务机构一定的运营补助或综合性奖励补助。支持各地结合经济发展水平和财力状况,按规定对享受助餐服务的老年人给予补贴或发放消费券
居家助老服务	(1)鼓励养老机构、家政企业、物业服务企业开展居家养老上门服务
	(2)支持社区助浴点、流动助浴车、入户助浴等多种业态发展。培育发展专业助老陪护机构,支持与养老机构共享资源,拓展陪护场景
	(3)鼓励零售服务商、社会工作服务机构等拓展助老服务功能,提供生活用品代购、家政预约、代收代缴、挂号取药等服务
社区便民服务	(1)聚焦一刻钟便民生活圈,建设改造一批社区便民消费服务中心等设施,引导老年日用产品实体店合理布局,鼓励商场、超市等开设老年专区或便捷窗口
	(2)推进完整社区建设,发展社区嵌入式服务设施,推动物流配送、智能快递柜、蔬菜直通车等进社区

政策关键词	具体内容
老年健康服务	（1）加强综合医院、中医医院老年医学科建设，提高老年病防治水平，推动老年健康领域科研成果转化。加快建设康复医院、护理院（中心、站）、安宁疗护机构，加强基层医疗卫生机构康复护理、健康管理等能力建设，鼓励拓展医养结合服务，推动建设老年友善医疗机构 （2）鼓励医疗机构通过日间康复、家庭病床、上门巡诊等方式将康复服务延伸至社区和家庭，支持开展老年康复评定、康复指导、康复随访等服务，扩大家庭医生签约服务覆盖面 （3）扩大中医药在养生保健领域的应用，发展老年病、慢性病防治等中医药服务，推动研发中医康复器具
养老照护服务	（1）引导地方对养老机构普通型床位和护理型床位实行差异化补助 （2）加大养老机构建设和改造力度，提升失能老年人照护服务能力，适当增设认知障碍老年人照护专区 （3）推动医疗卫生机构与养老机构毗邻建设、资源共享 （4）建立居家、社区、机构养老之间的服务转介衔接机制
老年文体服务	（1）建设国家老年大学，推动面向社会开放办学。依托国家老年大学搭建全国老年教育公共服务平台，建立老年教育资源库和师资库 （2）治理电视操作复杂问题，方便老年人看电视 （3）鼓励编辑出版适合老年人的大字本图书。发展面向老年人的文学、广播、影视、音乐、短视频等内容行业，支持老年文化团体和演出队伍交流展示 （4）组织开展各类适合老年人的体育赛事活动。加强球类、棋牌等活动场地建设，支持体育场所错峰使用
农村养老服务	（1）充分利用农村特困人员供养服务设施（敬老院）等，采用委托经营等方式开展养老服务 （2）支持当地养老机构、餐饮场所等增加助餐功能 （3）探索建立养老志愿服务激励与评价机制，开展农村互助式养老 （4）探索采取"公司（社会组织）＋农户＋合作社"经营模式积极发展乡村旅居式养老服务等农村特色养老产业

2. 新兴业态

包括大数据、人工智能、可穿戴设备等技术的进步深刻改变了为老服务的形式和内容,有技术加持的智慧养老服务成为当前的重要发展方向,银发经济的供给端呈现出新的业态。新产品不断出现,智能养老服务系统逐渐被推出,新的消费场景正在被发现、构建和满足:譬如能实时监测失能老人心率与呼吸的床垫;能在独居老人 24 小时没用水时发出警报的水表系统;能在失智老人走失时,紧急情况下实现一键求助的智能腕表等众多新产品,帮助老人、家属及相关社会机构更好地掌握老年人情况。

与产品相关联的是信息平台和云端的建设,如北京市朝阳区的"一键呼"系统,通过座机的形式安装在老年人家中。设备不仅存储老人的家庭地址和个人信息,还具有定位功能,能够实现突发疾病时的一键呼叫、一键健康咨询,一键提供送餐、送菜、送药、助洁、报修等便民服务,一键火灾报警,一键快速联系子女和亲人。截至 2023 年,"一键呼"系统已全部接入朝阳区 43 个街乡社区卫生服务中心以及全区 77 个养老机构、170 个养老驿站,累计服务老年人超 5 万户。

新的零售消费场景应运而生。抖音、快手、爱奇艺、淘宝等电商平台正在布局各种适老消费场景。2019 年爱奇艺上线主要服务老年人的短视频软件锦视;抖音、快手针对老年人推荐内容,提供老年人社交平台;淘宝面向银发群体,推出省心版和特价版。总之,数字技术和移动互联网的发展,扩大了银发经济的覆盖人群,并改变了银发经济的服务方式以及商业模式。

3. 潜力巨大

现有的养老服务和产品供给主要集中在基础衣食住行,对于多样化、多层次以及高品质的养老产品和服务的供给并不充分。随着全社会老龄化程度的加深,政策的引导以及数字技术的渗透,养老产业的细分赛道以及商业前景愈益广阔。据国家信息中心经济预测部测算,2024 年我国银发经济规模约为 7 万亿元人民币,占 GDP 的比重超过 5%。到 2035 年,银发经济规模有望达到30万亿元人民币,行业潜力巨大。表3以涉足银发经济的代表性公司为例,列举了目前银发经济在保健、服装、地产、旅游、教育、金融领域的具体服务供给情况。

表3 "银发经济"细分领域及其养老产品和服务供给

细分领域	主营业务	老龄服务供给
保健品	膳食营养补充剂	关节护理产品;抗衰老产品
服装	女装	聚焦熟龄女装,客户定位为40～55岁事业有成的都市成熟女性
养老地产	房地产	成立养老品牌"和憙会",打造医养结合的长者颐养中心,以生活、医疗和娱乐为核心,提供全方位管家式服务
老年旅游	旅游	开发候鸟度假、邮轮出行、国内专列、老年俱乐部等多条线路和主题游玩
老年教育	教育培训	在广州有16家校区,为老年群体提供书法、画画、唱歌、乐器、旗袍等多种课程的选择
养老金融	养老金管理	为家庭提供长期医疗保险、意外险、重疾险、养老金保险、年金险等多种金融服务
养老护理	机构养老和社区养老	为老年人提供社区托养、居家照护等社区养老服务,家政服务,专业保洁、清洗、消毒服务,健康咨询服务,餐饮管理,健康、医疗服务等

(三)银发经济的需求特征

1. 全生命周期带来多样化需求

银发经济不仅面向高龄或者失能、半失能老人,还面向活力老人以及未老阶段的中年人。不同人群的需求具有明显的异质性,却都属于银发经济的范畴,这意味着银发经济的需求端是多样的、个性化的。具体而言,刚刚退休的活力老人对生活品质的要求高、对健康管理的需求多,需要老年大学、旅居养老、棋牌晨练活动场所、健康咨询、体检服务等。对于年纪更长、精力下降但是仍然能够自理的老人来说,家政、助餐、照护服务将成为刚性需求。对于失能或半失能老人而言,高强度的照护服务、医疗服务、监护陪伴等则必不可少。面向不同年龄阶段的银发人群需求,提供满足其需求的产品是未来我国银发经济发展的机遇和挑战。

2. 结构性变化催生多层次需求

伴随着我国养老金体系的建立和完善,新一代的老年人不仅有一定的财富积累,退休后的收入也能够得到保证,老年人有能力进行消费。与此同时,新一代老年人的消费观也发生了变化,服务付费的意愿开始增强。我国老年人口消费结构和方式日趋多元化,正从传统的"衣、食、住、用、行"等消费向医疗保健、康复护理、旅游休闲等服务消费不断拓展。越来越多的老年人呈现出爱好广泛、追求新潮、讲究品质、懂养生、爱旅游的新面貌。

就传统衣食住行而言,新一代老年人也更加注重质量。根据中国移动互联网商业智能服务数据库,银发人群对食品饮料、服饰箱包、家用电器以及新能源汽车展现出了较高的关注度。在食品饮料方面,银发人群对知名传统白酒的兴趣最高。在服饰方面,"中老年""干部风"等特点的服装产品,如啄木鸟、猫人、罗蒙等服装品牌获得较大流量曝光;并且银发人群还会注重对孙辈服装的挑选。在家用电器方面,银发人群对电视、空调、冰箱等大家电的兴趣最高。智能汽车行业中银发人群的规模快速增长,截至2023年9月,计划购车的人群中16.7%为银发人群。这体现出银发人群对生活质量的追求以及改善型需求旺盛。

除了对高品质老年生活有旺盛需求的高收入老年人群,我国还存在大量的低收入老年群体,他们也有养老需求。尤其是农村老年人,他们没有退休金,只能依靠城乡居民基本养老保险,这一群体2020年的月人均待遇水平仅为174元。这意味着兜底型需求不可忽视,高品质需求与兜底型需求并存将是我国银发经济需求侧的重要特征。

3. 数字化渗透带来新业态需求

银发经济的服务方式正在被信息技术变革,而银发群体越来越多地融入信息化浪潮,甚至引领服务供给的转变。不少老年人愿意拥有并学习使用智能手机,在网络上进行消费。北京贵士信息科技有限公司(QuestMobile)研究数据,截至 2023 年 9 月,移动互联网银发人群用户规模已达 3.25 亿,较上年增长超过 2 300 万,全网占比提升 1.3%。2020 年 3 月抖音短视频软件新安装用户里,41~45 岁以及 46 岁以上用户的占比分别为 11.5% 和 14.5%,分别同比增长了 1.4% 和 1.5%。

根据 2023 年中国移动互联网商业智能服务数据库,银发人群已经开始拥抱数字化生活:超 4 千万用户使用智能家居软件,并向智能穿戴、智能汽车等类型应用快速延伸;超过 2.5 亿银发人群使用线上小程序进行购物;超 1.5 亿的银发人群通过支付结算类软件完成无纸化的数字交易。伴随银发群体逐渐跨越"数字鸿沟",与数字技术相结合,我们可以预测未来银发经济的业态将会涌现出大量创新。

银发经济是向老年人提供产品或服务,以及为老龄阶段做准备等一系列经济活动的总和。习近平总书记强调:"满足数量庞大的老年群众多方面需求、妥善解决人口老龄化带来的社会问题,事关国家发展全局,事关百姓福祉,需要我们下大气力来应对。"[①]发展银发经济就是这样一件关乎全体福利,以及未来生活的事情。

总之,银发经济在供给端呈现出多元主体、新型业态以及创新踊跃、潜力巨大的特点;在需求端呈现出多样样、多层次、个性化的特点。因此,对银发经济的理解不应该局限于养老事业,更要看到银发经济丰富的产业覆盖面、产业链关联度,是一次带动产业发展、促进消费升级、培养新业态的巨大机会。此外,银发经济不仅与老年人相关,更与未老人群相关;

---

① 刘紫凌、马丽娟、唐紫宸. 托起幸福"夕阳红"[EB/OL]. (2024 – 10 – 10)[2024 – 12 – 20]. https://www.gov.cn/yaowen/liebiao/202410/content_6979106.htm.

随着医学的进步以及生活条件的改善,人均预期寿命不断延长,活力老人在未来将成为常态。银发经济是一个满足个人从未老到衰老整个生命周期需求的概念。

二、银发经济发展的瓶颈及其原因

银发经济的市场需求既包括生活照料、康复护理、居家照护与养老服务相关的基本型、刚性化的服务,还包括休闲旅游、康养保健、心理慰藉、社会参与、投资理财等全方位、多样化、发展型的服务。

中国的银发经济发展正处于加速发展阶段,虽然具有巨大的市场潜力和发展机会,但也面临诸多发展的痛点与瓶颈。

1. 老年群体消费能力不足,产品和服务成本过高

养老服务的基础性产业是银发产业链中最初始、最亟待解决的环节,当前的主要困难在供给侧。一方面,老年群体的规模虽然很大,但大部分处于收入金字塔底部的老年人收入相对较低。加上保守的消费心理和消费习惯,市场缺少激活老年人消费潜能的有效手段,制约了银发经济的快速发展。另一方面,养老服务成本较高。在劳动密集型的银发经济诸多领域,人工成本较高。同时养老服务中的日常生活护理、保健、医疗、娱乐、健康管理等诸多领域需要大量的硬件基础设施投入。因此,老年人支付能力不足和产品及服务成本过高的问题并存,导致养老"买不起",为老先备"备不起"等问题。

然而,我国居民储蓄率远高于世界平均水平,消费增长潜力很大。如何在老龄化加速、养老消费换挡增速时期解决制约养老消费需求释放的障碍,是从量变到质变的关键,是银发产业健康发展的关键。因此,应当引导老年人增强消费观念,借鉴国外的经验,通过经济激励的措施,培育、引导老年人及其家属形成对老龄产品与服务的消费意识和付费观念。

2. 市场有效供给不足,需求与供给存在错位

第一,我国尚未形成大规模的养老产业集群。养老产业的社会化分工不充分,以中小企业为主体,以分散生产经营为主,产品与服务单一,没有形成产业规模,难以形成集聚效应。同时,产业链不完整,上下游合作不畅、合作水平低,许多产品缺乏技术含量或质量不高,主要集中在中低端领域,拥有自主知识产权的产品较少。在全球 6 万多种老龄产品中,国内市场可见的只有 2000 多种,而日本市场则有 4 万多种。

第二,虽然市场提供的一般性生活服务类项目较多,但是真正能够满足老年人需要的产品相对匮乏,老年人群高层次、高质量、多样化、个性化的消费需求仍然难以得到满足。据调查,老年人急需的整合式、一站式服务少,长期照护、康复护理、心理慰藉等供给不足,结构性供需矛盾随着老龄化、高龄化进程加快将进一步凸显。专门从事养老科技和智慧养老产品生产制造与提供服务的市场主体不多,针对老年人生理特点和生活需要进行研发生产的产品与服务种类少,产品往往忽视了老年消费者的个性化需求。

3. 资本缺乏投资动力,资金支持不足

尽管银发经济具有巨大的市场潜力,但由于投资回报周期较长、风险较大等因素,资本市场对养老产业的投资热情并不高,养老产业缺乏足够的资金支持。由于存在多元化的投资选择,相比具有投入大、回报慢、周期长等特征的养老产业来说,投资机构与企业家更偏好于其他变现快、投入少的产业。此外,当前养老产业依然属于较为新兴的行业,缺乏完善的基础设施和蓬勃发展的产业大环境,因而无法吸引投资者。从政府的角度来看,制约银发经济发展的市场环境还存在诸多需要改善的地方。各地政府在招商引资方面并未给予充分重视,甚至对养老产业有偏见。各地政府之间存在着竞赛,更多地希望投资于能创造更大经济效益的产业,而银发产业通常被当作弱势产业,甚至负担,从而无法得到地方政府的足够重视,限制了产业发展。

4. 专业人才紧缺，技术研发不够重视

随着老龄化的快速上升，发展银发经济的专业人才紧缺局面日益凸显。不仅银发经济新兴领域的经营管理人才严重缺乏，而且传统的养老护理等专业人才也严重不足。

在技术创新方面，智慧养老等领域的研发尚未得到应有的重视。例如，在医疗方面，已有若干企业和机构研发出医疗机器人、微创机器人和手术机器人，广泛应用于腔镜、内镜、医疗影像、超视距精准导航等领域，大量的复杂手术已经可以用手术机器人在体内完成。然而，养老服务机器人未必比手术机器人更复杂，但由于未得到应有的重视，至今并未见成熟的应用案例。与此同时，由于已有的智慧养老科技成果的产业化效果欠佳，进一步影响了银发技术研发投入的积极性。在当前养老产业快速发展、市场对智慧养老需求不断提升的背景下，无法发挥科技创新优势、并将科技创新优势转化为产业发展优势，成为银发经济发展的关键瓶颈。

5. 相关的社会保障制度尚未有效建立，银发经济发展根基不牢

目前银发经济发展相对成型的产业集中在直接的、狭义的养老服务领域，而且主要依赖于养老保险和医疗保险。政府财政性资金投入是目前公共养老产业资金来源的主要部分，资金规模直接关系到养老产业的发展状况。由于社会资本的介入依然不足，养老公共投入的压力较大。据统计，2012—2021年，中央财政累计投入359亿元支持养老服务设施建设。然而"十四五"时期和今后较长时间，我国面临财政增收放缓和银发事业发展资金需求刚性增长的双重压力，政策的精准度、针对性还需要进一步加强。现行的医疗保障制度在年轻型人口结构下建立，主要针对急性医疗支出，与老年人慢病管理、多病共存的特征不相适应，亟待改革完善与疾病谱和健康服务模式相衔接的医疗保障制度。同时，长期护理保险制度对于激发社会需求、提高老年群体的支付能力具有重要意义，但我国长期护理保险制度仍处于在49个地区试点的状态，尚未建立覆盖全国的制度保障。

6. 银发产业结构不合理，与橄榄型老年人口收入结构不相适应

经过多年的努力，我国养老服务设施不断完善，并已形成一定的规模。普通养老机构和养老床位等硬件总体规模与老年人口的入住需求基本相适应。但从需求结构上看，银发市场的开发还有非常大的空间。

老年人口的收入与年轻人的收入结构是类似的，呈橄榄型。低收入的老年人口比较少，很高收入的老年人口也比较少，而中等收入的老年人口数量庞大。根据我们的调查，目前的养老服务在两端发育较好，中间则发育不足。

在面向低收入老年群体服务方面，主要由政府通过公共服务兜底解决，尤其是面向"三无"老人（也包括农村老人），这方面值得肯定。在面向高收入老年群体的服务方面，市场开发力度逐渐加大。比如，由央企、地方国企、大型民营企业中的保险公司、房地产公司等在各大城市开发了许多高端养老机构，一些外资机构也逐渐进入中国的高端养老服务市场。在非机构养老服务领域，各地也出现了不少面向高收入老年人的俱乐部和服务模式。

而在面向数量最为庞大的中等收入老年群体的养老服务方面，无论是政府提供的公共服务还是市场提供的商业化服务都存在明显的短板。一方面，中等收入老年群体不属于政府兜底范围；另一方面，因老年群体的消费潜力未被充分认知而难以吸引资本市场投入，资本市场不屑于花大力气去开发这个市场。

7. 银发经济市场规范化程度不高，市场监管和市场开发支持之间的关系尚未理顺

当前，老龄消费市场尚处于起步阶段，缺乏完善的服务标准和市场规范。面向老年的产品和服务良莠不齐，市场秩序尚未理顺。产品、服务参差不齐，"欺、瞒、骗"等坑老、损老、伤老现象时有发生，损害了老年人的合法权益。调查数据显示，老年人已成为诈骗的主要受害群体。例如，老年保健品市场问题较多，多个消费领域利用老年人追求健康长寿的心理和

信息不对称的劣势，夸大宣传、诱导消费甚至进行诈骗，使不少老年人身心遭受伤害。近年来，老年代步车、旅游、理财等涉及老年人消费的领域也出现了一些问题。

由于上述原因，各地在发展养老服务产业，尤其是开发银发市场方面，多少都有一些畏难情绪。欺骗老人的事件一旦发生，地方政府往往会受到社会舆论的压力。于是，一些地方抱着"多一事不如少一事"的态度，不仅不鼓励银发经济发展，甚至对一些具有良好市场前景的养老服务模式的审批和监管进行直接与间接的限制，阻碍了银发经济的发展。

三、中国银发经济的市场前景预测

2024 年 1 月，国务院办公厅印发《关于发展银发经济增进老年人福祉的意见》（国办发〔2024〕1 号），这是首个以"银发经济"命名的国家级政策文件。2024 年 7 月，党的二十届三中全会明确提出"发展银发经济"的要求。虽然在此之前，国家和地方已经出台了发展养老产业等方面的政策，但 2024 年可称为"银发经济元年"。

艾媒咨询（iiMedia Research）于 2024 年 7 月在艾媒网（iimedia.cn）发布的《2024—2025 年中国银发经济投资前景分析报告》显示，2023 年中国养老产业市场规模为 12.0 万亿元，同比增长 16.5%；预计 2024 年中国养老产业市场规模为 13.9 万亿元，同比增长 15.8%；2027 年市场规模有望超过 20 万亿元。新一代中老年人受教育程度普遍较高，退休后更加注重生活品质和社交需求，更愿意为自己的兴趣爱好付费，为银发经济市场的发展提供了良好的条件。中国老龄科学研究中心预测，2023 年中国银发经济规模约为 7 万亿元，2035 年将达到 30 万亿元，该产业具备长达数十年清晰、稳定的成长逻辑和行业红利。同花顺公司金融数据终端产品 iFinD 数据显示，截至 2024 年 8 月，养老概念板块共有 122 家 A 股上市公司,总市值达到 8 048.4 亿元,涉及健康消费、智能养老、医疗服务、康养旅游等多个领域。

为了精确预测中国银发经济市场前景,我们先对未来老年人口数量和结构进行详细分析,进一步从多角度估算银发经济对国内生产总值(GDP)的贡献及银发经济规模,最终综合各种结果预测我国中长期银发经济市场前景。

(一)老年人口数量与结构预测

为详细分析中国人口老龄化的未来态势,我们使用第七次全国人口普查中各年龄段的人口及对应的死亡率预测未来老年人口的新增数量。图 1 给出了 2024—2050 年每年新增 60 岁及以上老年人口的预测结果。[①]由图 1 可知,2024—2050 年我国平均每年新增老年人口数量超过 2 000 万人,达 2 098 万人。其中 2028—2030 年新增老年人口数量达到顶峰,预计为 2 500 万人左右,2047—2050 年新增老年人口数量也超过 2 400 万人。

具体而言,未来新增老年人口的变化可以分为三个时段:第一个时段是 2024—2034 年,这一时期新增老年人口最多,平均每年达到 2 275 万人,这是由于 1962—1974 年第二波婴儿潮出生的人都在这一时段进入老年。第二个时段是 2035—2045 年,这一时段新增的老年人口最少,平均每年仅 1 817 万人,这是由于这一时段进入老年的人口正好出生在计划生育政策开始的时期,且其中许多人又是三年困难时期出生人口的第二代,人口基数较小。第三个时段是 2046—2050 年,这一时段新增老年人口再次增加,平均每年达 2 325 万人,这是由于这一时段进入老年的人口多为第二波婴儿潮人口的第二代,即婴儿潮回声。

---

① 本结果据《第七次中国人口普查年鉴》表 0301 的分年龄段人口和表 0604 的死亡率预测得到。图 2 同理。

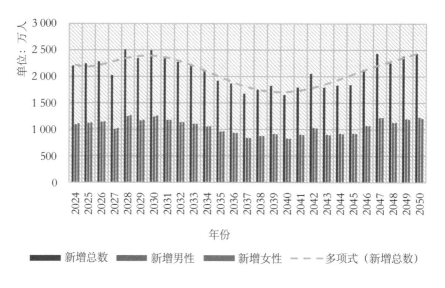

图 1　2024—2050 年新增 60 岁及以上老年人口预测结果

根据第七次全国人口普查中每岁人口数和死亡率可以预测我国 2024—2050 每年各年龄段的老年人口数，表 4 给出了预测结果。可以发现，全国老年人口数量在快速增加，继 2024 年老年人口超过 3 亿人之后，至 2030 年这一数字将接近 4 亿人，而至 2050 年将接近 5 亿人，增长速度预计在 2032 年开始有所放缓。经过与过去几年国家统计局公布的老年人口数据对比，本预测每年的误差率基本上在 0.3%～0.5%。

从各年龄段的老年人口数量来看，60～64 岁的老年人口数将在 2025 年接近 1 亿，此后基本维持在 1.1 亿人以上。65～69 岁的老年人口数也将在 2031 年突破 1 亿，至 2035 年将维持在 1 亿人以上，至 2050 年将下降到 8800 万左右。而 70 岁以上各年龄段的老年人口规模基本处于稳定扩大的状态，尤其是 75 岁以上各年龄段的老年人口规模在 2050 年将迅速扩大。

单位:万人

表 4 我国中长期各年龄段老年人口数预测结果 *

年份	60~64	65~69	70~74	75~79	80~84	85~89	90~94	95~99	≥100	合计
2020	7 532.58	7 252.42	4 791.89	3 054.43	1 998.19	1 048.11	339.55	76.16	11.84	26 401.82
2023	7 933.07	7 853.60	6 117.67	3 738.83	2 252.42	1 281.50	480.94	109.85	19.48	29 787.36
2024	8 911.81	7 391.58	6 510.04	4 050.56	2 382.22	1 305.07	521.19	118.35	21.62	31 212.44
2025	9 862.07	7 010.76	6 867.60	4 355.59	2 476.64	1 357.08	554.00	133.29	23.99	32 641.03
2026	11 075.65	6 476.73	7 097.58	4 631.01	2 602.59	1 419.51	592.88	144.80	25.86	34 066.61
2027	11 203.97	6 625.43	7 272.97	5 024.69	2 783.40	1 465.10	624.50	157.40	28.36	35 185.81
2028	11 174.17	7 596.53	7 279.79	5 371.64	2 969.08	1 501.98	653.78	175.33	31.78	36 754.09
2029	11 318.23	8 533.18	6 845.93	5 717.87	3 219.68	1 587.51	663.16	189.47	34.19	38 109.23
2030	11 567.73	9 439.79	6 491.18	6 029.03	3 460.03	1 650.62	690.00	201.22	38.64	39 568.22
2031	11 637.43	10 590.55	5 992.17	6 223.74	3 676.92	1 738.14	723.51	215.06	41.78	40 839.30
2032	11 878.59	10 706.97	6 145.45	6 378.40	3 992.75	1 860.75	746.29	226.13	45.36	41 980.69
2033	11 579.32	10 683.92	7 066.46	6 378.35	4 264.77	1 983.80	765.27	236.96	50.78	43 009.62
2034	11 341.36	10 821.82	7 936.31	5 989.59	4 542.12	2 154.48	808.37	239.47	54.58	43 888.11
2035	10 771.42	11 061.64	8 772.66	5 676.44	4 784.91	2 312.99	840.67	249.43	58.17	44 528.33
2050	11 538.71	8 820.58	7 710.22	8 346.26	7 135.31	4 135.67	1 478.19	590.59	124.30	49 879.81

* 其中 2020 年数据来自第七次人口普查年鉴,2023 年数据为预测结果,国家统计局公布的 2023 年 60 岁及以上老年人口数为 29697 万,本章
预测的结果与其极为接近。

　　而从老年人口各年龄段占比来看（见图2），60～64岁的老年人口占比将从2024年的29%增长至2026年的33%，随后逐渐下降，至2050年这一比例将降至23%。65～69岁的老年人口占比将从2024年的24%下降至2026年的19%，然后上升至2031年的26%，至2035年该年龄段老年人口占比维持在25%以上，至2050年将降至18%。70～74岁老年人口占比在2024—2027年将保持在21%，随后下降至2031年的15%，然后在2035年重新回到20%以上，这一比例将在2050年降到15%。而75岁以上老年人口占比则在一直稳步扩大，从2024年的26.91%缓慢增加至2035年的31.27%，至2050年这一比例将达到43.73%。

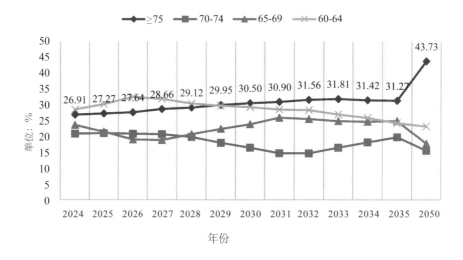

图2　我国中长期各年龄段老年人口占比预测图（图中数值为75岁及以上老年人口）

　　综合来看，未来老年人口增长速度有所变化，老年人口各年龄段占比也存在波动，这是婴儿潮、计划生育等因素导致的结果。老年人口规模将持续稳步扩大，老年人口结构中60～74岁活力老人占比将不断下降，75岁及以上的老年人口占比不断上升。虽然未来人均寿命不断延长，老年人口健康状况也将提升，但活力老人比重相对下降，75岁以上老年人口比重持续上升对养老服务体系将带来较大的压力。尤其是考虑到 2050 年 80 岁及以上老人占老年总人口的比重将达到 27%，必需未雨绸缪。

（二）银发经济市场规模估算

本预测以 2023 年为基年。2023 年全国人口 140 967 万人，其中 60 岁及以上人口 29 697 万，占比为 21.07%。2023 年的人均可支配收入和人均消费支出分别为 39 218 元和 26 796 元。大量的老年人口叠加快速增长的经济总量，我国银发经济市场潜力巨大。为了对 2023 年全国银发经济市场的规模做测算，我们采用国民收入核算的支出法来估算银发经济对 GDP 的贡献、并通过老年人口的收入支出来计算其潜在市场规模。

1. 2023 年全国银发经济对 GDP 的贡献估算

根据 2023 年国家统计公报，2023 年全国 GDP 为 1 260 582 亿元人民币。为了测算银发经济对于国民经济的贡献，我们需要考虑老年人口的消费系数。王金营和付秀彬（2006）引入了标准消费人的概念，以 15～64 岁人口的人均消费为 1 个标准消费人的消费水平，然后按一定的比例把儿童和老年人的消费水平折算成标准消费人，一般认为老年人口的消费相当于劳动人口的 70%～80%。因此，我们以 0.02 为步长，取 0.7～0.8 的数值作为 60 岁及以上老年人口的消费系数。本报告通过式（1）估算我国银发经济对 GDP 的贡献：

银发经济对 GDP 的贡献＝GDP×老年人口比例×老年人口消费系数

（1）

基于式（1）和不同的老年人口消费系数，可以估算出在不同的消费系数下 2023 年全国银发经济对 GDP 的贡献，具体结果见表 5。

表5　2023 年全国银发经济对 GDP 的贡献

老年人口消费系数	0.70	0.72	0.74	0.76	0.78	0.80
银发经济对 GDP 的贡献/亿元	185 893.53	191 204.77	196 516.01	201 827.26	207 138.50	212 449.74

根据表 5 的估算结果,2023 年全国银发经济对 GDP 的贡献大概在 18.59 万亿～21.24 万亿元,占全年 GDP 的 14.75%～16.85%。随着老龄化程度的进一步上升,以及老年人对于大健康、智慧养老等领域的支付意愿逐渐增强,全国银发经济对于 GDP 的贡献还将继续上升。

2. 2023 年全国银发经济的市场规模估算

本部分从收入和消费端,即通过可支配收入、消费支出来估算 2023 年全国银发经济的市场规模。

根据 2023 年国家统计公报,2023 年我国人均可支配收入为 39 218 元。为了估算老年人的消费占支出的比例,我们还需要引入平均消费倾向这一参数。平均消费倾向是指居民的消费支出占可支配收入的比重。自 2011 年以来,中国的城镇居民平均消费倾向在 0.6～0.7(任慧玲、刘社建,2019)。为了更准确地估算银发经济的市场规模,需要有 60 岁及以上人口的平均消费倾向。老年人口无需像劳动力人口一样,储蓄收入以购房或养育子女,因此其消费倾向应当高于平均消费倾向。但是考虑老年人口收入来源相对较少且较为单一,其需要储蓄一些收入以预防不确定性因素。另外,中国老年人存在攒钱给孙辈的传统习惯,因此也存在一定的储蓄需求。基于此,我们取 0.8 作为老年人口平均消费倾向。通过式(2)对银发经济的市场规模进行估算,结果见表 6。

银发经济市场规模＝人均可支配收入×老年人口平均消费倾向×

老年人口数×老年人口消费系数　　　　(2)

根据表 6 的结果,2023 年全国银发经济的市场规模大致在 6.52 万亿～7.45万亿元。

表 6　2023 年全国银发经济市场规模——人均可支配收入估算

老年人口消费系数	0.70	0.72	0.74	0.76	0.78	0.80
银发经济市场规模/亿元	65 220.79	67 084.24	68 947.69	70 811.14	72 674.59	74 538.04

除了上述方法,还可以直接用消费支出乘以老年人口数,并通过老年人口的消费系数进行折算,以此估算银发经济的市场规模(见表 7):

$$银发经济市场规模 = 人均消费支出 \times 老年人口数 \times 老年人口消费系数$$

$$(3)$$

表 7　2023 年全国银发经济市场规模——人均消费支出估算

老年人口消费系数	0.70	0.72	0.74	0.76	0.78	0.80
银发经济市场规模/亿元	55 703.26	57 294.78	58 886.30	60 477.82	62 069.34	63 660.86

根据 2023 年国家统计公报,2023 年全国人均消费支出为 26 796 元。根据表 7 的结果,用该方法估算的 2023 年全国银发经济的市场规模为 5.57万亿～6.37 万亿元。综合上述两种估算的结果,2023 年全国银发经济的市场规模大约在 6.9 万亿元,这与中国老龄人口研究中心的预测结果较为接近。

(三)中长期银发经济市场规模预测

上述估算结果表明,2023 年全国银发经济对于 GDP 的贡献大致在

20万亿元左右,银发经济的市场规模约为 6.9 万亿元。本部分通过估计参数中的 GDP、人均可支配收入、人均消费支出、老年人口数和人口总数的预期值,来估算全国 2024—2050 年中长期的银发经济市场规模。

本报告需要先计算出公式中的老年人口消费系数和老年人口平均消费倾向。考虑到随着老龄化的不断加剧,老年人口内部结构会发生很大改变,活力老人占比将不断下降。表 8 给出了本章预测的 2023—2050 年各年龄段老年人口占老年人口总数的比重,到 2050 年 75 岁及以上老人占比将达到 43.73%。活力老人消费能力和购买力比起非活力老人明显更强,其可以有更多的养老消费模式,比如旅居养老等,因此活力老人的消费系数自然更高。比如前述研究发现 60～64 岁的老年人口消费系数与劳动力人口相当,但随着年龄的增长,老年人口的消费能力将不断下降。但是,活力老人较非活力老人可能会有更高的储蓄倾向。比如,他们需要预留更多收入应对漫长退休生活中的不确定性,需要预留收入支持孙辈的养育。因此活力老人的平均储蓄倾向较非活力老人更高,对应的平均消费倾向更低。随着年龄的增长,老年人口平均消费倾向将不断上升,直至将其收入将全部用于养老。

表 8　各年龄段老年人口占老年人口总数的比重

单位:%

年龄段	年份					
	2020	2023E	2025E	2030E	2035E	2050E
60～64	28.53	26.63	30.21	29.23	24.19	23.13
65～69	27.47	26.37	21.48	23.86	24.84	17.68
70～74	18.15	20.54	21.04	16.41	19.70	15.46
75 岁及以上	25.85	26.46	27.27	30.50	31.27	43.73

考虑到我国的现实情况,表 9 给出了各年龄段老年人口的消费系数和平均消费倾向设定。随着年龄的增长,老年人口消费系数将从 60～64

岁的 1.00 递减到 75 岁以上的 0.60,老年人口平均消费倾向将从 60～64
岁的 0.70 递增到 75 岁以上的 1.00。由于未来老年人口结构将会发生较
大变化,本报告使用预测得到的老年人口结构变化来计算老年人口消费
系数和平均消费倾向。具体如下式:

$$老年人口消费系数 = \sum_t 老年人口消费系数_t \times 人口占比_t \quad (4)$$

$$老年人口平均消费倾向 = \sum_t 老年人口平均消费倾向_t \times 人口占比_t$$

$$(5)$$

公式(4)和公式(5)中 t 代表各年龄段 60～64,65～69,70～74 和 75
岁及以上年龄段。

表 9　各年龄段老年人口消费系数与平均消费倾向

年龄段	老年人口消费系数	老年人口平均消费倾向
60～64	1.00	0.70
65～69	0.85	0.80
70～74	0.70	0.90
75 岁及以上	0.60	1.00

为了估计 2024—2050 年全国中长期的各经济指标,包括 GDP、人均
可支配收入和人均消费支出,本报告参考各智库的预测结果,给出如
表 10 所示的三个经济增速指标,以进行中长期经济指标的预测。

表 10　各时间段全国各经济指标增速设定(%)

单位:%

年份	2023～2025	2025～2030	2030～2035	2035～2050
GDP 增速	5.0	4.5	4.0	2.5
人均可支配收入增速	7.0	6.3	5.6	3.5

（续表）

年份	2023～2025	2025～2030	2030～2035	2035～2050
人均消费支出增速	8.0	7.2	6.4	4.0

表11给出了中长期全国三个经济指标的预测结果、人口指标的预测结果、老年人口消费系数和平均消费倾向的计算结果、银发经济对GDP的贡献预测结果和银发经济市场规模预测结果。可以发现,随着高龄、老龄现象不断凸显,老年人口中非活力老人不断增加,老年人口消费系数从2020年的0.8下降到2050年的0.75,老年人口平均消费倾向从2020年的0.84上升到2050年的0.88。

银发经济对GDP的贡献在2025年将达到25.63万亿元,占GDP比重的18.44%,2035年将达到53.59万亿元,占GDP比重的25.43%,2050年将达到91.95万亿元,占GDP的比重将超过30%。根据人均可支配收入预测的银发经济市场规模,2025年银发经济市场规模将接近10万亿元,2035年达23.8万亿元,2050年达44.26万亿元。根据人均消费支出预测银发经济市场规模,2025年银发经济市场规模将超过8万亿元,2035年将超过20万亿元,2050年将超过40万亿元。

表11　全国中长期经济指标和银发经济规模预测值[①]

年份	2020	2023	2025E	2030E	2035E	2050E
GDP/亿元	1 013 567	1 260 582	1 389 792	1 731 933	2 107 162	3 051 798
人均可支配收入/元	32 189	39 218	44 901	60 942	80 027	134 074
人均消费支出/元	21 210	26 796	31 255	44 248	60 339	108 667
老年人口/万人	26 402	29 697	32 641	39 568	44 528	49 880

---

① 表中三个经济指标预测结果根据表7增速设定计算而得,老年人口数量来自第一节的预测结果,人口总数参考联合国发布的《世界人口展望2024版》和育娲人口发布的《中国人口预测报告2023版》计算而得,老年人口消费系数和老年人口平均消费倾向据公式(4)和(5)计算而得。

年份	2020	2023	2025E	2030E	2035E	2050E
人口总数/万人	141 212	140 967	140 803	138 607	136 312	124 531
老年人口消费系数	0.800 9	0.793 0	0.795 6	0.793 0	0.778 6	0.752 2
老年人口平均消费倾向	0.841 3	0.846 8	0.845 4	0.848 2	0.858 0	0.879 8
银发经济对GDP的贡献/亿元	151 782	210 586	256 325	392 066	535 915	919 466
银发经济市场规模—收入法/亿元	57 267	78 209	98 571	162 188	238 057	442 562
银发经济市场规模—支出法/亿元	44 852	63 102	81 165	138 837	209 185	407 715

（四）小结

对中国老年人口预测的结果表明，2030年中国老年人口将接近4亿，至2050年将接近5亿，老年人口中75岁及以上老年人口占老年总人口的比重在2050年将达到43.73%。银发经济估算结果显示，2023年银发经济对GDP的贡献在20万亿元左右，占GDP为16%左右。银发经济市场前景预测显示，2035年银发经济对GDP的贡献占比将超过25%，2050年银发经济对GDP的贡献占比将超过30%。2025年银发经济市场规模预计在9万亿元左右，2035年预计在22万亿元左右，2050年预计在42万亿元左右。

四、促进银发经济发展的思路和主要举措

银发经济，即针对老年人口的产业经济，随着中国老龄化程度的加深，这一经济形态日益受到重视。老龄化不断加深，对经济、社会、文化等

多个领域都将产生深远的影响。然而与发达国家相比，我国养老行业仍存在养老服务产业定位不准确、专业人才缺乏、医疗和养老服务结合程度低、农村养老服务较欠缺等问题。要推动银发产业的市场化和专业化发展，以更好地满足老年人的多元化需求，需要根据我国人口老龄化和养老行业现状平衡政府与市场机制的相互作用，拓展和创新银发经济的本位、相关与衍生产业，同时借鉴其他国家的先进经验。

1. 完善政策引导，加强顶层设计

要制定全国性的银发经济发展规划，明确发展目标、重点领域和实施路径；出台更多具体的激励措施，如税收优惠、财政补贴等，鼓励企业投入到银发经济领域；完善老年人权益保护法律法规，为银发经济提供法律保障；鼓励社会组织、企业和个人参与养老服务，形成多元化的养老服务体系，并发挥社区在养老服务中的作用，构建社区支持网络。

要注意平衡政府支持和市场机制的作用。首先，要让政策引导与市场驱动相结合。政府通过制定政策和规划，为银发经济的发展提供方向和支持，同时发挥市场在资源配置中的决定性作用。例如，2024年国务院政府工作报告中提到加强城乡社区养老服务网络建设，增加基本公共服务供给，同时运用市场机制满足老年人多样化需求。其次，加大公共投资与社会资本参与。政府通过优化中央预算内投资的使用范围，支持养老服务设施建设，同时鼓励社会资本投入银发经济领域。国有企业在发展银发经济相关业务时，其投入产出效益应在经营业绩考核中予以体现。最后，政府要加强基本养老服务体系建设，聚焦老年人的基本需求，鼓励市场提供多样化、个性化的养老服务，以满足老年人不同层次的需求。同时也要通过提供财政补贴、税收优惠等措施，降低企业在银发经济相关业务的运营成本，并鼓励金融机构开发适合老年人的金融产品，如养老保险、健康保险等。

2. 大力发展基于银发经济的本位产业、相关产业和衍生产业，在满足基本需求的同时丰富老年人生活，开拓新的增长点

针对本位产业,首先需要开展居家养老、社区养老和机构养老等多种形式,满足不同老年人群的需求。其次要加强老年病防治,提供个性化、高质量的医疗服务。最后要开展终身教育,满足老年人继续学习的需求。针对相关产业,要开发适合老年人的文化旅游、影视、音乐等文体娱乐产品;建设适合老年人的体育设施,推广适合老年人的健身活动;提供适合老年人的理财产品,帮助他们合理规划财务;支持新型服务业如外卖和家政服务。针对衍生产业,可以多开发适合老年人使用的智能设备和应用,如智能穿戴设备、健康管理软件等;研发和生产适合老年人使用的日常生活用品,如无障碍设施、辅助器具等;也可以发展生态养老、田园养老等模式,提供健康、环保的养老环境。

3. 加强人才培养和科技创新,以提升养老服务质量、推动产业升级

要加强对养老服务人员的专业培训,提高服务质量;鼓励高校开设老年学、老年护理等相关专业,培养复合型人才;加强与国际养老产业的交流合作,引进先进的管理经验和技术。同时还要鼓励企业增加研发投入,开发适应老年人需求的新产品;推动信息技术、生物技术等与养老服务的融合,提高服务效率和质量;探索"互联网＋养老""大数据＋养老"等新模式,提升服务的智能化水平。

4. 学习借鉴国外先进经验,并逐步推广我国智慧养老典型成功案例

中国银发经济的发展起步较晚,可借鉴一些国际上成功的经验。比如日本政府通过提供税收优惠、财政补贴等措施,鼓励企业投入到银发经济领域。此外,日本在老年护理服务、老年教育、老年旅游等方面都有成熟的模式,特别是在老年护理领域,日本发展了一套完善的长期照护保险制度,为老年人提供专业化的护理服务。德国在银发经济领域特别注重高科技辅助设备的开发,如智能轮椅、自动导航系统等,以提高老年人的生活质量。德国政府通过提供研发资金支持、税收减免等政策,鼓励企业开发适合老年人的高科技产品。又比如北欧国家为老年人提供包括医疗、住房、教育等在内的全面保障,确保老年人能够享有高质量的生活。

中国在发展银发经济时,可以结合本国国情,借鉴这些国家在政策支持、服务创新、科技应用、金融产品等方面的成功经验,推动中国养老服务标准与国际接轨,满足老年人多样化的需求,提高老年人的生活质量。

我们注意到在推动智慧养老方面,中国已有一些成功的案例和经验可以借鉴。如天津市通过打造银发智能服务平台和智慧康养社区,利用数据分析关爱体系监测老年人日常生活,使用物联网设备进行全天候健康监护,并通过智能语音呼叫系统进行定期慰问和健康管理,构建了应急保障联动机制。福建省通过"互联网+养老"整合线上线下资源,构建了省级养老服务综合信息平台,实现了养老服务数据的全省汇聚共享,提升了养老服务信息化水平。湖南省长沙县、桂阳县推行"子女线上点单、老人线下享受服务"的智慧健康养老服务模式,依托湖南省医养结合智能服务平台,实现医护人员上门服务,这种模式入选了国家发展改革委首批运用智能技术服务老年人示范案例。北京市石景山区八角街道搭建了"政府—企业—个人"模式的智慧养老平台,通过居家养老服务预约软件和为老服务呼叫中心,为老人提供多种上门服务,同时配备了专业救护人员,实现紧急情况下的快速救助。这些案例展示了中国在智慧养老领域的创新实践,通过科技手段提升了养老服务的质量和效率,增强了老年人的幸福感和安全感。其他城市同样可以按照本地的老龄化程度和养老产业发展情况学习借鉴并通过"试点—推广"的形式促进银发产业的区域发展。

5.是在推进养老产业多元化发展中平衡不同地区和不同收入水平老年人的需求

根据地区经济发展水平和老年人的收入状况,制订不同级别的养老服务标准,确保基本养老服务的普及性和可及性。为不同收入水平的老年人提供差异化服务,如为低收入老年人提供基本养老服务,为中等收入老年人提供更多样化的养老服务选择,为高收入老年人提供高端定制服务,以形成不同的细分市场。

为此,可以通过政策引导和财政补贴,鼓励养老服务机构提供多层次、多样化的服务,满足不同地区和不同收入水平老年人的需求。依托社区资源,发展社区嵌入式养老服务,为老年人提供便捷的居家养老服务,降低服务成本,提高服务覆盖率。加强区域间的养老服务合作,实现资源共享,优势互补,提高养老服务的整体效率和质量。通过 PPP 模式等政策措施,鼓励社会资本参与养老服务业的发展,增加养老服务供给,满足不同需求。建立养老服务需求和供给的动态监测与调控机制,及时响应老年人需求变化,优化资源配置。针对不同地区的居住环境和老年人的生活习惯,推进居家环境和公共服务设施的适老化改造,提高老年人的生活质量。加强信息无障碍建设,利用信息技术,为老年人提供便捷的服务信息获取渠道,降低信息获取门槛,提高服务的透明度和便利性。

6. 避免资源浪费和不公平竞争

首先要通过深入研究老年人的真正需求,进行精准的市场定位和规划,避免盲目投资和资源浪费。其次要确保政策制定和执行的透明度,为所有市场参与者提供公平的竞争环境,避免保护主义和垄断行为,并建立和完善市场准入和退出机制,确保资源能够流向最有效率的使用领域,同时及时淘汰落后和无效的供给。再次要鼓励创新与技术应用,并推进行业标准化,制定行业标准和服务规范,提高服务质量,避免因标准不一导致的资源浪费。最后要加强对老年消费者的权益保护,避免不公平的市场行为,如价格欺诈、虚假宣传等。通过这些措施,可以在促进银发经济发展的同时,有效避免资源浪费和不公平竞争,实现健康、可持续的产业发展。

(陈佳鑫　岳朗晴　廖　辉　苏　坦)

参考文献

[1] 国务院办公厅. 国务院办公厅关于发展银发经济增进老年人福祉的意见[A/OL].
(2024 - 01 - 15)[2024 - 12 - 30].https://www.gov.cn/zhengce/zhengceku/202401/
content_6926088.htm.

［2］iiMedia Research(艾媒咨询).2024—2025 年中国银发经济投资前景分析报告［EB/OL］.https://baijiahao.baidu.com/s? id ＝ 1815594382604574806&wfr ＝ spider&for ＝pc.

［3］任慧玲,刘社建.生育政策对城镇居民消费结构影响分析——基于扩展 AIDS 模型分析［J］.上海经济研究,2019(5):73－83.

［4］王金营,付秀彬.考虑人口年龄结构变动的中国消费函数计量分析——兼论中国人口老龄化对消费的影响［J］.人口研究,2006(1):29－36.

［5］中国政府网.四部门解读"银发经济",信息量很大［EB/OL］.https://www.gov.cn/zhengce/202401/content_6927509.htm.

养老业态的融合发展[①]

一、机构、居家、社区养老的提出及其存在问题

(一)居家、社区、机构养老的提出及演化

1. 居家养老

居家养老起源于对传统家庭养老模式的扩展和社会养老服务体系的建设。起初,居家养老主要指的是老年人居住在家中的模式,但随着时间的推移,这一概念得到了进一步的发展和完善。随着社会保障体系的不断健全和老龄化进程的加快,居家养老的关注重点转向了社区服务和社会化服务的支持。2008 年全国老龄委办公室等部门联合发布了《关于全面推进居家养老服务工作的意见》,明确了居家养老服务的核心内容,即"居家养老服务是一种服务形式,由政府和社会力量依托社区为居家老年人提供生活照料、家政服务、康复护理和精神慰藉等服务"。这标志着居家养老服务是对传统家庭养老方式的一种补充和创新,也是我国发展社区服务和建立养老服务体系的关键。自此以后,居家养老作为一种政策术语,逐渐转变为家庭养老与社会化服务相结合的新模式,强调以家庭为中心的原则和基于社区的服务供给。不过在实践中,对这种养老模式的

① 本部分获得国家社科基金青年项目《城市社区居家养老的多元要素协同与多维主体联动研究》(22CGL032)的。

理解多停留在家庭养老层面,社会化的服务渗透还比较弱。

2. 社区养老

社区养老依托于社区内的专业老年护理机构与服务体系,旨在为老年人提供全面的生活支持。该模式涵盖了社区日托中心、社区食堂以及老年人活动中心等多种设施。同时,社区致力于提供一系列综合性居家护理服务,包括但不限于居家生活援助、心理咨询以及专业的居家护理等。依据《中华人民共和国国民经济和社会发展第十四个五年规划和2035年远景目标纲要》,我国正致力于进一步完善社区居家养老服务网络,推进公共设施适老化改造,促进专业机构服务的社区化延伸,并有效整合现有资源,以发展嵌入式社区养老服务。社区养老的核心宗旨是确保老年人在其熟悉的生活环境中安享晚年,同时享受到家庭关爱的同时,也能获得社区提供的上门服务或托老服务。

3. 机构养老

机构养老是指老年人入住专门设立的养老机构接受集中管理和护理的养老模式。它作为我国养老服务体系中的重要组成部分,是对家庭养老和社区养老的有效补充。养老机构不仅为老年人提供饮食起居、清洁卫生、生活护理等基本服务,还涵盖健康管理、文体娱乐活动等综合性服务。这类机构可以是独立的法人实体,也可以是隶属于医疗机构、企事业单位、社会团体或综合性社会福利机构的一部分。机构养老的优势在于其规模化运营和专业化服务,能够为老年人提供全方位的医疗和护理支持,在就医方式、护理质量和疾病防控等方面与其他养老模式明显不同,因而能从多个渠道影响养老服务质量并确保他们的生活质量。

4. 养老体系的演化

我国养服务老体系的演变经历了从单一模式向多元化、体系化发展的过程。所谓的"三位一体"养老服务模式,是指将居家养老、社区养老和机构养老三者有机融合,构建起一个全方位、多层次的养老服务体系。最早推出这种模式的是2005年上海市提出的"9073"养老服务格局,即3%

的老年人接受机构养老服务,7%老年人可得到政府福利政策支持的社区养老服务,90%的老年人在家以自助或家庭成员照顾为主,自主选择各类社会服务资源。该格局明确了养老公共资源配置的比重和养老公共服务投放的路径,也为全国确立社会养老服务体系提供了重要参考。此后,全国其他城市也相继提出了"9064"或"9055"的养老服务体系基本格局的建设目标。

2014年,上海进一步提出了建设涵盖"养老服务供给体系、保障体系、政策支撑体系、需求评估体系、行业监管体系"的"五位一体"养老服务发展目标。养老服务供给体系旨在解决养老床位和社区养老服务总量不足的问题,包括推动养老服务设施建设,以及探索如"长者照护之家"和社区综合为老服务中心等社区嵌入式养老服务模式。保障体系旨在解决老年人支付能力不足、机构医疗服务短缺、人员队伍缺乏、信息化支撑不足等问题。例如,实施养老服务补贴制度,为经济困难的老年人提供补贴。政策支撑体系旨在加强养老服务的法治化、规范化、标准化,规范基本养老服务收费政策,完善养老服务扶持政策等。需求评估体系旨在建立评估体系,根据评估结果提供相应的养老服务,实现养老服务资源的优化配置。行业监管体系旨在加强养老服务行业的规范有序发展,包括准入监管、日常监管、行业自律和社会监督等方面。

当前,我国养老服务发展呈现机构、社区、居家三种基本养老方式齐头并进、体系化发展的特征。2019年10月党的十九届四中全会提出,"构建居家社区机构相协调、医养康养相结合的养老服务体系"。在国家政策的引导下,我国传统的居家养老和社区养老模式在内涵上发生了深刻变革,呈现出融合发展的新趋势。

(二)我国养老服务业态存在的问题

1. 人才队伍建设问题

在养老服务业中,专业人才队伍的建设是关键一环。目前,我国面临着护理人员、康复人员、社工人员等专业人才供给不足的问题。养老服务工作的特殊性、高强度、薪酬水平相对较低以及社会认可度不足等因素，导致吸引和留住专业人才的难度增加。人才的高流动性对服务质量产生了严重影响。养老服务领域迫切需要具备专业知识和技能的人才，然而，现行的培训体系和机制尚显薄弱，缺乏系统性和全面性的培训，这使得养老服务人员的实际能力和专业水平难以满足老年人多样化的需求。实践中由于从业人员素质参差不齐，部分人员缺乏必要的专业知识和技能，难以提供专业化、个性化的养老服务，难以满足高质量的养老服务需求。

2. 供需匹配问题

在当前的养老服务领域，供给导向的问题导致服务提供未能充分以老年人的核心需求为出发点，从而使得资源分配和专业服务难以契合失能和失智老年人的照护需求。目前，养老服务的供给结构呈现出"哑铃形"特征。一方面，政府对低保特困、失独、部分高龄老人等群体提供财政兜底；另一方面，高收入群体能够享受到公寓型机构养老的高端服务。失智老人只有少数机构愿意收住，部分机构甚至仅接受自理老人，新建的养老机构往往位置偏远且设施高端，性价比较低。对于中等收入水平的群体而言，高性价比、服务全面的养老供给选项却显得相对稀缺，这一问题同样导致了养老机构普遍面临入住率低的困境。

在社区养老的实际运营中，能够有效满足老年人需求的日间照料中心配置不合理，多数中心或是空置，或是转作他用。经常光顾日间照料中心的老年人，往往是有自理能力或轻度失能的老人，而真正需要照料的失能老人却鲜少出现。中心的活动内容多限于打牌下棋、唱歌跳舞、品茶聊天等，虽也有理发、按摩等服务，但难以满足失能、失智老年人的特殊需求，失能和失智老年人群体在养老服务体系中未得到应有的重视，而这些老人恰恰应当是养老服务的重点。

3. 角色定位问题

在我国的养老服务体系中，政府、家庭、社区、企业和社会各方的角色定位尚需进一步明确。政府在居家、社区和机构养老中承担着重要职责，然而家庭、社区和机构在养老服务中的角色、功能、作用、责任、义务等方面定位存在重叠，关系不清晰。因此，迫切需要明确政府在提供基本养老服务中的职责和任务，确保政府职能的准确归位、聚焦难点、持续发力，同时通过治理模式的创新，实现各主体在养老服务中的协同。

同时，养老服务的主体形式复杂多样，包括养老院、福利院、敬老院、托老所、日间照料中心、农村幸福院、互助养老、虚拟养老院等，这些机构在功能和服务内容上存在重叠，关系不清晰。为了优化资源配置，提高服务效率，有必要对养老服务的主体形式进行梳理，明确各方的职责和功能，以实现养老服务的精准对接和高效运行。

4. 资金来源问题

养老服务的建设和运营需要大量的资金投入，包括设施建设、人员培训、服务运营等方面的费用，主要依赖政府的财政投入和老人的缴费来维持运营。养老服务的回报周期较长，投资回报相对较低，很多投资者对养老服务项目不感兴趣，从而导致养老服务体系建设的资金筹措困难，无法吸引足够多元的投资主体进入养老服务领域。

从投向上看，政府养老服务资金近年来主要是以直接投资建设、建设补贴和运营补贴的形式，用在了养老机构和养老床位上，而对居家社区养老服务方面的资金投入却相对较少。社会资金也是以投资养老机构为主，特别是投资养老公寓建设，形成具有中国特色的养老地产，而对居家养老服务方面的投入较少。

二、机构、居家、社区养老三业态融合的可能性和必要性

自 2005 年上海市率先探索"9073"养老服务基本格局建设以来，中国的养老服务体系建设逐渐明确了居家养老、社区养老和机构养老三种主

要模式,以此满足老年人口多样化的需求。这一模式提出的最初设想是,90%的老年人通过家庭照护进行居家养老,7%的老年人依赖社区支持养老,3%的老年人入住养老机构享受专业照护。这种模式系统性地指引和推动了中国的养老服务体系建设,不仅重视家庭和社区养老的理念,还兼顾养老机构的专业护理功能。此后,各地养老服务体系建设规划也因地制宜地提出了以这三种养老业态为主的养老服务框架。这些顶层设计凸显了家庭养老、社区养老与机构养老的相对重要性和各自独特的优势与功能。然而,在当前的养老服务体系建设中,这三种业态往往呈现出相互分离、独立运作的局面,难以形成有效的协同效应。

（一）三种业态相互分离存在的问题

1. 运营主体、资源配置与服务标准的分离成为三种业态融合的主要障碍

机构养老主要由以营利为导向的企业运营,提供较为专业的护理服务和医疗设施;而社区养老则以社会公益服务为主,着重为老年人提供日间服务;居家养老以家庭内部照护为主,依赖家庭成员的自我照护与非正式支持。这三者在服务对象、目标和资源配置上存在显著差异,导致难以实现资源共享。例如,机构养老的专业医疗资源和护理技术无法有效向社区养老或居家养老输出,而社区养老的基础生活支持服务也难以满足机构养老对护理标准的严格要求。此外,各类养老服务平台之间的信息系统未实现有效对接,老人在不同养老模式之间转换时,重要的医疗信息和护理记录难以顺畅传递,导致数据孤岛现象,进一步制约了三种业态之间的协同与融合。

2. 三种养老模式在空间布局和服务衔接上的割裂加剧了业态融合的难度

在现有的养老服务体系中,居家养老、社区养老和机构养老往往各自为政,缺乏联动机制,导致老年人无法根据其不断变化的需求在不同养老

模式之间灵活转换。例如,老年人从居家养老过渡到机构养老时,可能需要面临复杂的申请、排队等程序,造成服务的中断或衔接不畅。这一问题在老年人健康状况恶化时尤为突出,延迟的护理服务不仅增加了老年人及其家庭的负担,还可能导致老年人的身体状况进一步恶化。

因此,居家养老、社区养老和机构养老在现行养老服务体系中呈现出分离状态,限制了资源的高效配置和多元化养老需求的有效满足。而通过三种业态的相互融合,建立一体化的养老服务体系,可以打破当前各自独立运作的局限,形成全方位、多层次的养老服务供给和支持网络。

(二)三种业态融合的可能性与必要性

1. 居家养老与社区养老融合的可能性和必要性

居家养老模式侧重于让老年人在熟悉且舒适的家庭环境中养老,然而,仅依赖家庭成员提供养老服务不仅加剧了家庭照护的经济负担和心理压力,还限制了老年人获取多元化、高质量养老服务的机会,进而影响了其生活质量的提升。社区养老通过设立日间照料中心、活动中心、医疗护理站等多元化服务设施,为居家养老提供了有力的服务支持。居家养老和社区养老在空间上具有天然的关联性。通过建立居家养老与社区养老之间的紧密关联,老年人不仅能够在家中享受到家人的照护,还能便捷地通过社区服务获得日常生活支持、医疗护理、康复服务等全方位保障。这种融合模式不仅减轻了家庭照护的压力,还提升了养老服务的整体效能。例如,上海市徐汇区的社区食堂和助餐服务提供了两种业态融合发展的良好实践案例。将社区养老中的老年助餐点嵌入到社区食堂中,不仅提高了社区食堂的运营效率和规模效益,还显著扩大了社区老年人就餐的覆盖范围。2023 年的数据显示,徐汇区的 30 家社区食堂每月供餐量高达 48.4 万人次,其中送餐服务惠及 5.3 万人次,老年供餐占比超过六成。这一模式极大地缓解了老年人口在居家养老过程中难以解决的日常餐饮问题,实现了社区养老与居家养老的深度融合与互补。过去,许多纯老家庭的老人和独居老人往往做一顿饭吃一天乃至吃几天，大部分时间吃的是剩菜剩饭，现在通过社区食堂的助餐服务，显著提高了老人的生活质量。

2. 居家养老与机构养老融合的可能性和必要性

随着老年人口数量的急剧增长，养老服务需求也呈现出多样化与个性化特征。尽管居家养老以其独特的家庭环境优势成为许多老年人的首选，但在面对失能失智等特殊情况时，居家养老往往难以充分满足老年人的长期护理需求。特别是对于那些健康状况逐渐恶化，需要从居家养老向机构养老过渡的老年人而言，业态间的隔阂增加了照护的复杂性与挑战性。居家养老与机构养老在服务模式和内容上各自具有鲜明的优势，二者之间存在着显著的互补性。养老机构能够为居家老年人提供日常的上门护理、康复指导等专业服务，以及对老年人身体健康的长期保障与动态监测。这种模式在不增加机构养老床位供给的前提下，为居家老年人提供专业化的支持，辅助他们在家中继续享受高质量的生活。此外，养老机构还能作为居家老年人在遇到阶段性异常情况下的应急备选方案。通过与家庭建立紧密的联系，制定个性化的应急预案，并与医疗机构有效联动，养老机构能够为健康状况较差的老年人提供及时、专业的服务和全方位的保障。这种联动机制不仅有助于缓解居家养老在特殊情况下的压力，还能确保老年人在不同养老模式之间实现平稳过渡，从而满足其多样化的服务需求，提升养老服务的整体质量和效率。

3. 社区养老与机构养老融合的可能性和必要性

社区养老与机构养老在服务范畴上同样表现出显著的互补特性，各自具备独特的资源优势与服务专长。社区养老依托其丰富的社区资源，如志愿者团队的积极参与、文化活动场所的充分利用等，构建了一个由社区党委引领、老年人自主管理的组织架构，并据此组建志愿服务团队，制定相应的管理制度。这一模式侧重于通过社区力量为老年人提供日常生活照料、精神慰藉及文化娱乐等多方面的服务。机构养老则以其专业的护理团队和完备的养老设施为显著特点,专注于为老年人提供高质量的生活照护服务,尤其是满足失能失智老年人的全方位照护需求。机构养老通过专业化的服务流程和技术手段,确保老年人能够获得及时、有效的生活照护,从而提高其生活质量。鉴于两者在服务内容上的互补性,推动社区养老与机构养老的融合成为提升养老服务效率与质量的关键路径,确保老年人在不同养老模式间能够实现无缝转换。当社区养老的服务能力无法满足老年人的特定需求时,可将其适时转介至养老机构,以获取更为专业的、全天候、全方位的生活服务。同样,当在机构养老的老年人因康复需要或短期照料需求而希望回归家庭环境时,也可通过这一机制将其顺利转回社区养老,以继续保持其生活的独立性和社会参与感。这一融合模式不仅有助于减轻机构养老的服务压力,提升资源利用效率,还能通过社区照护的延续性,使老年人在享受专业服务的同时,保持与社会的紧密联系,增强其生活的幸福感和归属感。

综上所述,机构养老、居家养老与社区养老三种养老模式的融合,能够通过资源的优化配置、服务的深度整合、信息的全面联通,打破当前养老服务体系内各业态相互割裂的局面。尽管当前的政策导向已开始逐步推动这三种养老业态的协同发展与相互融合,但相较于构建一个更加全面、均衡且高效的养老服务体系而言,仍有距离。为了加速这一融合进程,政府应当发挥积极的政策引导作用,推动机构养老、居家养老与社区养老之间的紧密合作与有效协调。同时,还应加强对养老服务体系建设的整体规划与监管,确保各项服务能够有序、高效地推进。

三、居家养老院或整合型养老的发展路径

针对上述三种养老模式相互割裂的弊端,从发挥各自优势、高效利用资源的目的出发,探索三种模式相融合的养老模式非常必要。近年来,学

术界和养老业界开始探讨和实践的居家养老院是一条新的路径。

居家养老院或整合型养老,是多主体参与、多种养老服务和资源有机融合的新型养老方式,通过打通居家、社区、机构养老服务全链条,为老年人居家提供专业的养老服务。如前所述,当前居家、社区、机构养老的发展各自存在诸多问题与困境,促进三业态养老服务模式融合发展成为一种可能和必然趋势。总体来说,居家养老院或整合型养老的发展需要政府和有关部门做好顶层设计,完善政策法规,整合各类资源并加强监督管理;需要优质的养老服务企业充分了解市场需求并提供多元化的专业养老服务,积极探索新产品开发和新型管理模式,畅通政企联系;需要政府、企业与社会各界共同参与,创新融资模式,发展和培养养老服务专业人才,做好养老服务的宣传与推广工作,共同为推动养老服务高质量发展贡献力量。

(一)政府——整合型养老的顶层设计师

1. 做好顶层设计,完善政策法规

政府作为整合型养老的顶层设计师,需要加强养老服务的顶层设计,统筹规划职责,整合并完善现有的政策法规体系。顶层设计方面,《关于制定国民经济和社会发展第十四个五年规划和二〇三五年远景目标的建议》中提到"实施积极应对人口老龄化国家战略……推进养老事业和养老产业协同发展……构建居家社区机构相协调的养老服务体系",未来需要继续坚持这一国家战略,为整合型养老明确发展方向和目标。具体政策法规方面,需要将各地区、各部门零散的养老服务政策法规统一起来,进行跨区域、跨部门的政策整合,从制度层面保障养老服务的效率,努力消除不同养老服务资源相互割裂的问题。同时对于积极探索整合型养老的市场主体给予政策支持和资金倾斜,保障推进养老服务的整合和统筹发展。

2. 整合利用各类养老资源

目前的居家、社区、机构养老服务资源分散、效率低下,民政和相关部门的首要任务是对三种业态的养老软硬件资源、服务组织资源等进行集聚整合。具体来说,可以利用互联网和物联网等先进技术,由政府牵头购买搭建智慧养老服务平台并进行养老服务数据信息的统一管理,实现内网信息数据共享,打造虚拟居家养老院的信息化基础设施平台。充分调研分析老年人养老需求类型和分布特征,做好三种业态的衔接,在一定地域内发挥三种养老方式各自的优势,尽量减少资源浪费——通过居家养老满足老年人日常生活照料的场地需要,充分吸收社区养老的高组织制度化管理模式,最后由机构养老派遣专业护理人员提供护理和医养结合等专业养老服务。

3. 推进整合型养老服务的监管体系建设

发挥政府在养老服务供给中的主导性作用,强化对养老服务的监督管理。首先要制定市场准入、服务规范、收费标准、监督评估等指导类、执行类文件,从法律层面完善监管制度,推动整合型养老服务的标准化建设与协同发展,明确监管的方向和重点。其次在日常管理中,要厘清相关主体的职能边界,避免出现"多头管理"的问题;要制定详细的监管制度和流程,有效评估养老服务的质量与效果;要强化风险控制和安全管理,对适老化改造的建筑、消防、食品、医疗等进行定期的安全隐患排查;最后要加强从业人员的培训,提升从业人员的技能知识水平,确保养老服务质量。

(二)企业——整合型养老的实践探索者和执行主体

1. 提供多元化的专业养老服务

养老服务同样要发挥市场在资源配置中的决定性作用。无论是居家上门护理服务还是专业的机构养老服务,企业均需要将提供多元化的优质养老服务摆在首位,发挥养老服务的品牌效应。在居家养老院的场景下,主要为居住在家的失能、半失能、残疾、高龄、慢性病老人提供助餐、助浴、助急、助行、助医等上门服务,使其居住在家也能享受到全面的高质量的服务。在机构养老服务方面,机构需要提升综合服务能力,整合分散在家庭、社区中的养老资源并加以利用,注重"医""养""护"的结合,为机构中的老年人提供全面充分的"医养护"服务,满足其多元化的养老需求。最后针对不同老年人的具体情况,制订个性化的养老方案,确保服务的针对性和有效性。

2. 积极创新,开发新产品,探索服务新模式,拓展服务市场

一方面,企业可以运用人工智能等新兴技术,积极探索创新,开发新产品,如开发智能软件、智能养老设备、智能监控、安全辅助设施等,满足居家养老和机构养老场景的不同需求,推进养老服务的创新发展。另一方面,企业可以利用物联网、人工智能等技术,实现智能化管理和服务,提高服务效率和质量。例如,智能监控系统可以实时监测老年人的健康状况,及时发现和处理问题。此外,企业通过市场化运作,也可以推动对上下游的带动作用,发展养老全产业链。

3. 畅通政企的沟通联系机制

一方面,借助智慧养老云平台等养老服务信息平台,扫除政府部门、社区、养老机构之间的信息共享障碍,加快政企的沟通联系机制,推动有效市场和有为政府更好结合。整合后的养老服务信息平台应该包括管理部门/机构、服务对象、服务内容、服务监管等综合信息,政府部门、社区或机构的信息管理人员可以通过平台查看养老服务的运行情况,并及时交流沟通,进行信息更新。另一方面,需要加强区域间的沟通协作,创造条件实现跨区间的养老服务信息共享,以此作为应对养老服务资源时空不均衡的调度和配置依据。

(三)社会各界——整合型养老的直接和间接参与者

1. 创新整合型养老产业的投融资模式

一方面,养老服务行业自身具有周期长、收益慢的特征,前期的投入

成本高;另一方面居家养老院或整合型养老不同于普通意义上的居家养老、社区养老或机构养老,其实时管理难度大,无法发挥社区或机构型养老的规模经济效力,因而需要政府、企业和社会力量的共同参与;坚持政府引导和市场运作相结合,加大财政扶持和投入力度,并拓宽养老产业融资渠道,积极引入社会资本,为养老产业发展提供强有力的资金支持。目前的投融资模式主要分为政府投资、政府联合社会资本和社会资本自主投资三大类。其中,政府投资以财政拨款和养老专项债为主,政府联合社会资本的投融资模式有 PPP 模式、地方政府授权国企及政府引导基金等,但这两种方式均以政府为主导,多用于普惠养老体系的建设,规模受限,经济效益不高。而社会资本的投融资模式主要有以房企、险企和医疗或养老服务机构为主导三种,优势是具备长期资金和规模优势,劣势是运营管理能力不强和经验不足容易造成亏损。因此在推动整合型养老产业发展的背景下,更需要进一步整合养老资金,优化并创新投融资模式,鼓励引导社会资本积极参与项目投资,鼓励金融业支持养老产业发展,建立多种融资渠道并存的投融资机制。

2. 积极培育养老志愿服务组织,发挥志愿者在整合型养老服务中的作用

居家养老院或整合型养老的发展除了需要专业的品牌养老机构和政府相互协同以外,还有赖于大量的社区志愿者的积极参与。后者实际上是养老资源的富矿,它蕴藏于民间,与居家老人之间有千丝万缕的联系。居家养老院的老人分散居住于家中,不能像机构养老那样全天候在养老护理人员的视野内,但许多时候,他们身边都有各种各样的社区居民。因此,培育社区内各种类型的养老志愿者组织,发挥他们植根于社区、对社区内老人知根知底的优势,通过非正式的形式参与整合型养老服务,是对居家养老院服务的有益补充。

3. 注重整合型养老服务的宣传与推广工作

随着人口老龄化的加剧,社会对养老服务的需求不断增加。然而目前居家、社区、机构养老各自存在相应的短板和困境,很多老年人及其家

庭对整合型养老服务的了解有限,甚至存在误解。因此,有必要在社区和街道积极开展整合型养老服务的宣传与推广工作,深入浅出地介绍居家养老院或整合型养老的概念,提升大众对于养老服务的接纳度,及时了解并回应市场需求,最终达到推动产业发展的目的。

(戴　鹭　唐锦玥　何雨含)

参考文献

[1] 白维军.高质量发展视角下的整合型养老服务构建[J].社会保障评论,2023(3):121-132.

[2] 李长远.发达国家整合型养老服务:模式、实践经验与治理借鉴[J].云南民族大学学报(哲学社会科学版),2023(4)95-104.

专题分析篇

2024 中国候鸟式养老栖息地适宜度评价[①]

一、背景

中国是世界上最适合候鸟式养老的国家之一。由于中国南北跨越近50个纬度,高原和山地数量众多,垂直气候差异十分明显。因此,即使是在炎热的夏季,人们也能找到许多清凉的避暑胜地;同样,即使在寒冷的冬季,人们也能找到许多温暖的避寒天堂。

随着经济发展水平和人民生活水平的提高,我国已经进入了大众化旅游阶段。不仅年轻人的旅游日渐盛行,退休后的老年旅游市场更是增长迅速。

与年轻人旅游不同,老年人的时间充裕,节奏安排有相当的弹性。不像年轻人旅游时间局限于三五天,老年人可以选择在某个地方居住相当长一段时间。

近年来,一个突出的现象就是旅居式养老形式的兴起。老年人冬季到温暖的南方地区过冬,夏季到凉爽的北方地区或云贵高原避暑,如候鸟般规律。由此,我们称这种现象为候鸟式养老;称以这种方式养老的老年人为候鸟老人。

① 上海交通大学安泰经济与管理学院第45期PRP小组何启元、王欣然、左子涵、袁欣鋆、杨宇辉同学对本部分亦有贡献。

与一般的旅游相比，候鸟式养老的时间相对较长。许多老年人夏季旅居式养老的时间一般为1～2个月，冬季可达3～4个月，长的有5～6个月。比如，有些居住在东北的老年人，10月上旬就动身去华南地区，次年5月初才返回家乡。

候鸟式养老提高了老年人退休生活的品质，也给栖息地的经济发展带来很多机会，它属于银发经济的重要组成部分。

过去，候鸟老人对栖息地的选择比较局限于少数地区，比如冬季到三亚避寒，夏季到承德、青岛、哈尔滨、昆明等城市避暑。但事实上，无论冬季还是夏季，中国还有更多适合候鸟式养老的地方。我们认为有必要编写一个候鸟式养老指南，为候鸟老人提供更多的指导和选择。

基于此，夏季，我们在云南、贵州、青海、江西、宁夏、山西、山东、河北、辽宁、吉林、黑龙江、内蒙古、西藏、四川、湖北、新疆等16个省、自治区选择了76座城市进行评价。冬季，我们在南方的海南、福建、广东、广西、贵州和云南6个省、自治区选择了55座城市进行评价。

二、评价指标与候选城市

（一）指标体系构建

根据异地养老的特点和需求，我们选取了17项评价指标，包括自然指标和社会经济指标两种类型。冬季和夏季候鸟式养老栖息地评价指标大部分相同，但气温、空气质量指数等指标不同，主要是涉及月份不同（见表1）。

表 1 候鸟式养老栖息地评价指标体系及评价方法

一级指标	夏季			冬季		
	二级指标	单位	指标含义及评分方法	二级指标	单位	指标含义及评分方法
	7 月 8 日日均最高气温	摄氏度	取 7 月日最高均温与 8 月最高均温二者的均值。夏季气温为负向指标，先取倒数，然后用平均值法标准化	1 月日平均最低气温	摄氏度	取 1 月 31 天每天最低气温的平均值。冬季气温为正向指标，用平均值法标准化
	7 月和 8 月气温月较差均值	摄氏度	气温较差反映气温的稳定程度，气温月较差是指 7 月中最高气温与 8 月最高气温的一天的温度差。月较差越小越好，所以为负向指标。先取倒数，然后用平均值法标准化	1 月气温月较差均值	摄氏度	1 月中气温最高的一天和气温最低的一天的温度差。为负向指标，先取倒数，然后用平均值法标准化
自然环境质量	空气相对湿度（7,8 月相对湿度平均值）	%	最宜人的室内温湿度是：夏天温度为 23℃～30℃，相对湿度为 30%～60%。本项指标粗略评分方式为：相对湿度 30%～80% 为 100 分，低于 30% 或高于 80% 每变化 1% 减 2 分，最低 0 分	空气相对湿度（1,2 月相对湿度平均值）	%	最宜人的室内温湿度是：冬天温度为 20℃～25℃，相对湿度为 30%～80%。本项指标粗略评分方式为：相对湿度 30%～80% 为 100 分，低于 30% 或高于 80% 每变化 1% 减 2 分，最低 0 分

（续表）

一级指标	夏季			冬季		
	二级指标	单位	指标含义及评分方法	二级指标	单位	指标含义及评分方法
自然环境质量	气压适宜度	海拔高度（米）	一般认为当气压在 7.4×1014 帕时（相当于 1500 米高度），人体会产生一系列生理变化，但一般均能适应。本项指标评分方法为：海拔 1500 米及以下为 100 分，1500 米以上每上升 100 米减 2 分，最低 0 分	同夏季	同夏季	同夏季
	7 月和 8 月 AQI 指数平均值	指数	为负向指标，所以先取倒数，然后用平均值法标准化	1 月 AQI 指数平均值	指数	为负向指标，所以先取倒数，然后用平均值法标准化
	全年优良天气数	天	用平均值法标准化	同夏季	同夏季	同夏季
	水体质量	Ⅰ～Ⅴ级	地表水体质量被分为Ⅰ～Ⅴ级，其中Ⅰ级最优，劣Ⅴ级最劣。评分方法：如果一个城市有多个类别，对Ⅰ级赋值 200 分，Ⅱ级赋值 150 分，Ⅲ级赋值 100 分，Ⅳ级赋值 50 分，Ⅴ级和劣Ⅴ级赋值 0 分，最后加总所有监测断面得分，并总除以各个城市的综合得分点数量。然后用平均值法标准化	同夏季	同夏季	同夏季

（续表）

一级指标	二级指标	夏季		冬季		
		单位	指标含义及评分方法	二级指标	单位	指标含义及评分方法
社会经济条件	三甲医院数量	家	根据地级市一般情况，1 家为 100 分，每增加 1 家加 10 分，最高 200 分，最低 0 分	同夏季	同夏季	同夏季
	每千人口执业医师数	人/千人	按平均值法标准化	同夏季	同夏季	同夏季
	每千人口病床数	张/千人	按平均值法标准化	同夏季	同夏季	同夏季
	A 级景区	A 级景区加权总分	对所有 A 级景区加权合计，其中每个 5A 级景区 6 分，每个 4A 级景区 5 分，每个 3A 级景区 3 分，每个 2A 级景区 2 分，每个 1A 级景区 1 分，最高 200 分封顶，最低 0 分，最后加总并按平均值法标准化	同夏季		同夏季
	区域整体自然风光和人文景观	0～100	本研发团队＋专家综合评分，权重各占 50%。根据评价结果分为三档：A 档 100 分，B 档 80 分，C 档 60 分，最后加总并按平均值法标准化	同夏季	同夏季	同夏季

（续表）

一级指标	二级指标	夏季		冬季		
		单位	指标含义及评分方法	二级指标	单位	指标含义及评分方法
	交通便捷度	0~100	机场＋高铁＝100分;机场,高铁,高速有任意2项80分,有任意1项40分;仅有普通公路20分,最后加总并按平均值法标准化	同夏季	同夏季	同夏季
社会经济条件	是否文明城市	0/100	是最新一届全国文明城市可获100分。根据最近一次即第六届全国文明城市评选及被授予的文明城市名单以及经复查保留文明城市荣誉的往年84个城市。被评为以往在任一届文明城市(本届未保留荣誉)的可获50分。从未被评为文明城市的0分	同夏季	同夏季	同夏季
	人均消费支出(负向指标)	元	取人均消费支出倒数,然后按平均值法标准化	同夏季	同夏季	同夏季

（续表）

一级指标	夏季			冬季		
	二级指标	单位	指标含义及评分方法	二级指标	单位	指标含义及评分方法
社会经济条件	养老社会环境	—	采用过去一年评价城市在养老方面的媒体相关报道。每个城市的基础分值均为 50 分，每出现一次正面报道加 5 分，最高 200 分封顶；每出现一次负面报道减 5 分，最低零分为止。采用百度搜索前 100 条，主要采用大型门户网站和官方媒体新闻，不计自媒体和来源不明媒体。具体搜索词为：城市名称＋养老、老人、尊老、夕阳（侵害老人、虐待老人、散骗（诈骗）老人等关键词。对于负面事件，如果由政府强力纠正、公正处理、补偿老人，严厉打击侵害老人的行为等方面的报道，作为正面新闻加分。加总后采用平均法标准化	同夏季	同夏季	同夏季
	平均预期寿命	岁	最近一年（一年均为评价的前一年）平均预期寿命。直接标准化部分小城市数据缺失的，采用其所属的上一级城市数据	同夏季	同夏季	同夏季

（二）城市选取

1. 夏季候鸟式养老候选城市

夏季候鸟式养老候选城市的筛选主要出于以下三个方面的考虑：一是纬度较高地区。在北纬 40 度以北地区，虽然夏季气温依然较高，但太阳辐射的威力已经不是那么强了。这个范围的主要城市在东北地区，仅包括少量零星的西北地区城市，如新疆的伊犁、阿勒泰等。二是海拔相对较高地区。在垂直方向上，海拔每上升 1000 米，气温就会下降大约 6℃。我国的四大高原都有不少区域符合这样的条件，但考虑到因海拔太高而导致气压下降到较低水平以后，会影响舒适感，我们基本排除了青藏高原地区（其东部边缘海拔稍低除外）。而黄土高原和内蒙古高原的西部比较干燥，也被排除在外。因此，因海拔高度合适的避暑城市多集中于云贵高原和内蒙古高原的中部与东部。三是部分"低温岛"，即东部和中部地区因特殊的地形地貌、或沿海洋流条件形成的夏季点状凉爽区。这些城市通常交通更便利，地处人口稠密的地区，自古以来多是避暑胜地。

在框定上述三类城市的基础上，我们再按照门槛指标——7 月日均气温在 30℃ 以下进行筛选，最终在云、贵、青、赣、宁、晋、鲁、冀、蒙、黑、吉、辽、藏、川、鄂、新 16 个省、自治区选取了 76 座城市。

2. 冬季候鸟式养老候选城市

冬季候鸟式养老栖息地的选取首先考虑北回归线以南地区、属于热带或亚热带范围的城市。考虑到南方有些城市虽然位于北回归线以北，但由于受到其北部崇山峻岭的阻挡，冬季寒潮的影响力被大大削弱，我们也将其列入评价范围。如福建的武夷山脉以南、广东的南岭山脉以南的部分城市虽然纬度稍高，冬季也比较温暖。至于广西、贵州和云南，由于地理位置偏西，受到北方多条东西向山脉层层阻隔，冷空气很难侵袭。不过，云贵高原中部和北部的一些城市由于海拔较高而降低了其应有的温度。

另外,考虑到港澳台地区的特殊情况,以及海南三沙市生活补给和环境容量问题,暂不将这些地区列入评价范围。最终,我们在琼、闽、粤、桂、云、贵 6 个省、自治区选取了 55 座城市。

(三)数据来源

上述各项指标的数据来源如下:

(1)温度、相对湿度:国家气象信息中心、天气网。

(2)空气质量指数、全年优良天气数:来源于空气质量历史数据查询网站,为评价上一年的平均状况。

(3)水体质量:高德地图。

(4)海拔高度:百度百科。

(5)三甲医院数量:名医应用软件和 99 健康网,同时结合本团队对每个城市的手工核实。

(6)每千人口执业医师数和每千人口病床数:百度百科/地区执业,结合各城市上一年度国民经济和社会发展统计公报进行核实。

(7)A 级景区:百度百科。

(8)区域整体自然风光和人文景观:评价团队和外部专家评分(50%:50%)。

(9)交通便捷度:百度百科(综合统计机场、高铁站、一般火车站、高速公路等)。

(10)文明城市:百度百科,由中央精神文明建设指导委员会测评,每三年一次,本评价采用最新一次(2020 年第六届)文明城市名单。

(11)人均消费支出:中国统计年鉴、各省市统计年鉴、各相关城市统计年鉴,各城市国民经济和社会发展统计公报等。

(12)养老社会环境:来自正规媒体的正面或负面报道。

(13)平均预期寿命:根据上一年度当地的统计年鉴或国民经济社会发展统计公报。

三、评价方法及结果

（一）评价方法及过程

在构建上述指标体系的基础上,按如下步骤进行评价:

(1)搜集夏季 76 个和冬季 55 个候选城市的所有原始数据;

(2)按照上述每项指标的评分方法对每个城市各单项指标赋值;

(3)对每项指标的得分进行标准化处理(采用平均值法去量纲);

(4)对各项指标加权求和(其中权重由本研究团队结合咨询专家意见后确定);

(5)为直观起见,将所有城市得分处理成平均分为 100 的分值;

(6)排序。

（二）2024 候鸟式养老夏季栖息地适宜度指数排行榜

根据上述方法和相关数据评价的 2024 年夏季候鸟式养老栖息地适宜度指数见表 2。

表 2　2024 候鸟式养老夏季栖息地适宜度指数排行榜

城市	所在省区	适宜度指数	排名
六盘水	贵州	123.47	1
呼伦贝尔(驻地海拉尔区)	内蒙古	120.70	2
哈尔滨	黑龙江	117.94	3
贵阳	贵州	117.53	4
青岛	山东	117.12	5
昆明	云南	116.83	6
遵义	贵州	116.59	7

（续表）

城市	所在省区	适宜度指数	排名
长春	吉林	114.17	8
烟台	山东	113.85	9
威海	山东	112.80	10
大连	辽宁	112.57	11
乌兰察布	内蒙古	111.80	12
楚雄州(驻地楚雄市)	云南	110.69	13
秦皇岛	河北	110.44	14
保山	云南	109.42	15
曲靖	云南	109.28	16
普洱	云南	108.63	17
沈阳	辽宁	108.33	18
大理州(驻地大理市)	云南	108.26	19
银川	宁夏	107.02	20
延吉(县级市)	吉林	106.46	21
通化	吉林	106.25	22
吉林	吉林	105.58	23
甘孜州(驻地康定市)	四川	104.15	24
伊犁州(驻地伊宁市)	新疆	103.52	25
阿坝州(驻地马尔康市)	四川	103.39	26
伊春	黑龙江	103.08	27
承德	河北	102.54	28
西宁	青海	102.19	29
临沧	云南	101.26	30
鄂尔多斯	内蒙古	100.74	31
张家口	河北	100.24	32
林芝	西藏	100.05	33
双鸭山	黑龙江	99.87	34

（续表）

城市	所在省区	适宜度指数	排名
鸡西	黑龙江	99.57	35
黔西南州(驻地兴义市)	贵州	99.51	36
佳木斯	黑龙江	99.04	37
丽江	云南	98.44	38
安顺	贵州	98.40	39
大庆	黑龙江	98.28	40
齐齐哈尔	黑龙江	98.25	41
鹤岗	黑龙江	98.18	42
阿勒泰地区(驻地阿勒泰市)	新疆	98.18	43
大同	山西	98.08	44
凉山州(驻地西昌市)	四川	97.87	45
牡丹江	黑龙江	97.47	46
玉溪	云南	95.87	47
盘锦	辽宁	95.80	48
大兴安岭	黑龙江	95.67	49
鞍山	辽宁	95.08	50
庐山(县级市)	江西	94.09	51
丹东	辽宁	94.06	52
白山	吉林	93.63	53
毕节	贵州	93.14	54
七台河	黑龙江	93.05	55
呼和浩特	内蒙古	92.87	56
昭通	云南	92.68	57
包头	内蒙古	92.63	58
四平	吉林	91.89	59
朝阳	辽宁	91.15	60
黑河	黑龙江	91.10	61

（续表）

城市	所在省区	适宜度指数	排名
锦州	辽宁	90.63	62
锡林郭勒(驻地锡林浩特市)	内蒙古	90.53	63
本溪	辽宁	90.22	64
松原	吉林	89.99	65
神农架	湖北	89.95	66
阜新	辽宁	87.82	67
辽阳	辽宁	87.22	68
阿尔山(县级市)	内蒙古	87.19	69
葫芦岛	辽宁	86.74	70
铁岭	辽宁	86.49	71
白城	吉林	86.07	72
抚顺	辽宁	85.31	73
营口	辽宁	85.29	74
绥化	黑龙江	83.61	75
辽源	吉林	82.18	76

（三）2024 候鸟式养老冬季栖息地适宜度指数排行榜

根据上述方法和相关数据评价的 2024 年冬季候鸟式养老栖息地适宜度指数见表 3。

表 3　2024 候鸟式养老冬季栖息地适宜度指数排行榜

城市	所在省区	适宜度指数	排名
海口	海南	116.84	1
南宁	广西	113.73	2
三亚	海南	113.64	3
珠海	广东	108.11	4

（续表）

城　市	所在省区	适宜度指数	排名
广州	广东	107.79	5
福州	福建	106.37	6
北海	广西	104.75	7
厦门	福建	104.68	8
琼海	海南	103.67	9
深圳	广东	103.22	10
昆明	云南	103.08	11
桂林	广西	103.07	12
柳州	广西	102.42	13
西双版纳州（州府景洪）	云南	102.15	14
泉州	福建	102.13	15
文昌	海南	101.75	16
百色	广西	101.74	17
惠州	广东	101.54	18
黔西南州（州府兴义）	贵州	101.32	19
崇左	广西	100.80	20
湛江	广东	100.63	21
漳州	福建	100.56	22
儋州	海南	100.49	23
防城港	广西	100.42	24
文山州（州府文山）	云南	100.26	25
三明	福建	100.21	26
贵港	广西	100.17	27
红河州（州府蒙自）	云南	99.93	28
南平	福建	99.38	29
黔南州（州府都匀）	贵州	99.36	30
佛山	广东	98.93	31

（续表）

城　市	所在省区	适宜度指数	排名
龙岩	福建	98.65	32
梅州	广东	98.27	33
黔东南州（州府凯里）	贵州	98.27	34
中山	广东	98.25	35
玉林	广西	98.21	36
江门	广东	98.21	37
钦州	广西	97.76	38
韶关	广东	97.61	39
茂名	广东	97.50	40
普洱	云南	97.45	41
莆田	福建	97.38	42
宁德	福建	97.08	43
肇庆	广东	97.07	44
梧州	广西	96.62	45
汕头	广东	94.88	46
河源	广东	94.86	47
德宏州（州府芒市）	云南	94.75	48
云浮	广东	93.70	49
阳江	广东	92.49	50
汕尾	广东	92.16	51
临沧	云南	91.80	52
东莞	广东	91.66	53
大理州（州府大理）	云南	91.56	54
玉溪	云南	90.22	55

四、部分城市点评

由于候选城市首先都经过气温等关键门槛指标的筛选,表2中的76个城市都可以作为候鸟式养老的夏季栖息地,而表3中的55个城市也都可以作为候鸟式养老冬季栖息地。但综合其自然和社会经济指标,各个城市之间仍然存在一定差异。从排名靠前的城市看,不仅是因为其夏季或冬季较为舒适的气温和空气质量,还得益于它们良好的交通、医疗和社会经济条件等。以下选择部分城市进行点评。

(一)夏季候鸟式养老城市点评

1. 六盘水

继2023年登顶本榜后,六盘水市今年蝉联榜首。如此稳定的适宜性得益于六盘水优越的自然条件和丰富的人文资源。六盘水地处贵州省西部的乌蒙山区,毛泽东的《七律·长征》诗中"乌蒙磅礴走泥丸"中的"乌蒙"指的就是乌蒙山区。在乌蒙大草原,人们可坐看草原牧色、云烟霞光与高山湖泊;亦可访山寺古道,览前朝遗迹,赏彝族歌舞,观非遗服饰。此地夏季气候凉爽舒适,紫外线辐射不强,被中国气象学会授予"中国凉都"称号,是我国唯一以气候特征命名的城市。六盘水7月和8月的最高平均气温分别为24.4℃和24.3℃,气温月较差仅2℃;历史极端最高气温仅为31.2℃,表明这里没有"真正的夏天"。在众多避暑胜地中,六盘水夏季气温的凉爽程度和稳定程度令人叹为观止。星罗棋布的山川古迹和凉爽的气候,让六盘水成为值得慢慢体味探索的夏季好去处。

2. 呼伦贝尔

呼伦贝尔的夏季候鸟式养老栖息地适宜度指数排名从2023年的第三名跃升至2024年的第二。这颗草原明珠位于内蒙古自治区东北部,因境内的呼伦湖和贝尔湖而得名。呼伦贝尔夏季气候凉爽,7−8月最高气温仅为 22℃,且气温月较差很小。呼伦贝尔拥有 12.6 万平方千米森林、10 万平方千米草原、2 万平方千米湿地、500 多个湖泊、3000 多条河流,自然资源丰富,景观多样性明显。呼伦贝尔大草原是世界四大草原之一。除了自然景观,呼伦贝尔是北方游牧民族成长的摇篮,拥有悠久的历史文化和浓郁的民族风情。在交通方面,呼伦贝尔虽然位居相对遥远的北国,但拥有呼伦贝尔东山国际机场等民用机场四座、巴彦库仁等通用机场七座,通行相对便利。"风吹草低见牛羊"的景象让人们对这片辽阔的大草原心驰神往,在这里悠闲地度过一个美丽的夏天也不失为不错的选择。

3. 哈尔滨

哈尔滨位于东北平原北部,属于中温带大陆性季风气候,7−8月平均气温介于 19℃～28℃,夏季凉爽短促,是不可多得的避暑胜地,也是中国首批优秀旅游城市之一。哈尔滨素有"东方小巴黎""东方莫斯科"之称,建筑风格独具一格,异域风情浓郁,人文气息浓厚。哈尔滨之夏音乐会、哈尔滨国际啤酒节等节庆盛事也均在 7−8月举办。在软实力上,哈尔滨各项指标均有不错的表现,可谓名副其实的"六边形战士"。《浪花里飞出欢乐的歌》《太阳岛上》,唱着这些老歌一路走来的一代人已经陆续步入老年,该是来这里圆一圆年轻时的梦了。

4. 贵阳

贵阳位列今年夏季候鸟式养老栖息地适宜度指数第四。贵阳地处云贵高原东部,海拔高度在 1100 米左右,适宜的海拔高度与稳定的夏季大气环流条件共同造就了其"夏无酷暑"的气候条件——夏季平均气温仅 23℃,多次荣获"中国避暑之都""中国最佳避暑旅游城市""全球避暑名城"等美称。贵阳境内共包括山地、河流、峡谷、湖泊、瀑布、溶洞、原始森林、古城楼阁等 32 个著名旅游景点,市区森林覆盖率达 55%,是首个国家森林城市,素有"林城"之美誉。同时,贵阳也是全国文明城市、国家卫生城市、最佳优质旅游城市。优美的自然与人文景观、便利的交通条件和医疗条件，使贵阳在夏季候鸟式养老栖息地中脱颖而出。

5. 昆明

昆明在今年的夏季候鸟式养老栖息地中位居第五。昆明属亚热带高原山地季风气候，"冬不祁寒，夏不剧暑"，年平均气温为 15℃，鲜花常年不谢，草木四季常青，是名副其实的"春城"。昆明是一个多民族聚居的城市，拥有丰富的少数民族文化，有 9 个世居少数民族，是研究云南多元文化的重要窗口。昆明的风景名胜众多，全市有各级政府保护文物 200 多处，有石林世界地质公园、滇池、安宁温泉、轿子雪山等著名风景区，还有世界园艺博览园和云南民族村等 100 多处重点风景名胜。对于候鸟式养老而言，昆明最大的魅力可能是它位于美得醉人的滇池湖畔。这座面积达 330 平方千米、云南省最大的淡水湖，有"高原明珠"之称。滇池属地震断层陷落型湖泊，湖岸线长达 150 千米，沿岸的翠湖、西山、海埂、大观楼、观音山、白鱼口、龙门、盘龙寺等景观都值得慢慢游览品味。适宜的气候条件、优美的自然与人文景观及便捷的交通条件，奠定了昆明夏季候鸟式养老栖息地的优越地位。

6. 青岛

青岛以其独特的海滨风光、缤纷的城市文化闻名，在 2024 年的夏季候鸟式养老栖息地中跃居第六。青岛市地处山东半岛东南部，东临黄海，西接内陆，青岛具有得天独厚的地理位置和优越的自然环境。青岛属于温带季风气候，由于流经青岛沿岸的黄海沿岸流的寒流性质，它自渤海湾起，沿山东北部向东，直达成山角，绕过成山角后进入黄海南部并流经青岛，显著降低了青岛的夏季气温，使其比其纬度相当的济南 7 月气温低 1℃～5℃。除了著名的海滨风光，如栈桥、石老人、五四广场等，青岛还有崂山风景区、青岛海洋世界等自然和人文胜景。提到青岛，其著名的啤酒文化更是一张靓丽的城市名片，每年的青岛国际啤酒节作为亚洲最大的啤酒盛会之一吸引了成千上万的游客，彰显了激情与闲适一体的城市性格。宜人的气候、独特的城市文化使青岛在夏季候鸟式养老栖息地中稳居前列。

7. 大理

大理是云贵高原上的瑰宝,古南诏与大理国的都城,历史沉淀与自然美景交相辉映。"风花雪月"四大名胜,绘就了"下关风"的清新、"上关花"的绚烂、"苍山雪"的纯洁和"洱海月"的宁静,与古城的塔影相映成趣,构成一幅迷人的画卷。作为滇西交通要冲,大理的高铁与航空网络连接二十多个城市,为游客的出行提供了便利。近年来,大理在旅游业的推动下经济持续增长,同时注重绿色发展,推动生态旅游,吸引了来自四面八方的游客。大理 7 月和 8 月日均最高气温分别为 25℃和 24℃,夏季凉爽宜人,是理想的避暑胜地。

8. 鄂尔多斯

鄂尔多斯位于黄河几字型大拐弯内侧,是内蒙古自治区少有的深入到内地的城市。鄂尔多斯市夏季气候宜人,七八月最高均温 27.5℃,早晚及夜晚尤其凉爽。这里属于半湿润区向半干旱区过渡地带,多年平均降水量虽然只有 348.3 毫米,但由于 7-9 月占全年降水量的 70% 左右,夏季相对湿度适中,气温与湿度的配合良好。鄂尔多斯作为候鸟式养老城市最大的优势在于其完备的医疗和旅游服务设施。2023 年,鄂尔多斯市人均地区生产总值高达 26.47 万元,在全国所有城市中位列第一。良好的产业基础和强大的财政实力为鄂尔多斯市发展养老服务业和相关的旅游产业提供了坚实的支撑。鄂尔多斯市的旅游资源丰富多样,既有沙漠、草原、湖泊、湿地、温泉、峡谷等自然景观,又有壁画群、成吉思汗陵等人文景观。全市共有 A 级旅游景区 47 家,其中 5A 级旅游景区 2 家,4A 级旅游景区 27 家,3A 级旅游景区 11 家。交通方面,除了高速公路和铁路联通全国路网以外,鄂尔多斯机场已开通至北京、上海、广州等 16 个城市的航线。

(二)冬季候鸟式养老城市点评

1. 海口

海口在2024年候鸟式养老冬季栖息地中位列榜首,得益于其出色的基础设施与迷人的自然风光。作为省会城市,海口的基础设施比较完善。其医疗资源丰富,拥有多所现代化综合医院及老年病专科医院,配备先进设备与专业医护团队,为老年人健康保驾护航。在交通方面,海口虽然不能与大陆高铁网直接相连,但美兰国际机场四通八达,连接国内外主要城市。海口的自然风光同样令人陶醉,全年空气质量指数为优良的天气超357天,冬天大部分时间是蓝天白云。西海岸带状公园沙滩细腻、海水清澈,适合老年人散步、垂钓;骑楼老街南洋风情浓郁,历史建筑错落有致,让人流连忘返。此外,金花村等古村落也以其古朴的民风和美丽的乡村风光,为老年人提供了丰富的文化体验。总之,海口以其完善的基础设施、美丽的自然风光和丰富的历史文化底蕴,成为老年人冬季栖居的理想之地。

2. 南宁

南宁是广西壮族自治区首府,以"中国绿城"的美誉而闻名。南宁市在传统的印象中并不在冬季避寒城市的名单中,但2024年获得冬季候鸟式养老栖息地亚军。实际上,这里最冷月1月平均气温10℃～17℃,一年四季绿树常青,繁花似锦,为候鸟式老人提供了理想的养老环境。南宁见证了壮族文化与其他民族文化的交融与发展,居住着壮、汉、瑶、苗、独龙等52个民族[①],形成了独特的多元文化景观。地貌上,南宁有山有水,山清水绿。邕江蜿蜒流经市区,青秀山风景区和五象岭森林公园隔江相望,闹市区还有著名的南湖公园。在南宁,候鸟老人可以在中山路品尝地

---

① 根据广西南宁市人民政府地方志编纂办公室网站信息,依《南宁年鉴(2023)》,截至2022年末,南宁市居住着52个民族,人口总数超1 000人的有壮、汉、瑶、苗、仫佬、侗、回、满等16个民族。

道的广西小吃,也可以在九曲湾温泉享受放松身心的温泉浴。无论是在繁华的市区,还是在宁静的郊区,南宁都以其独特的魅力吸引着来自世界各地的游客,为候鸟老人提供了丰富多彩的休闲选择,让他们在享受生活的同时,感受南宁悠久的历史和文化。

3. 三亚

拥有"东方夏威夷"美誉的三亚市凭借温暖的冬日气候和丰富的景观位列 2024 年候鸟式养老冬季栖息地排行榜第三。地处北纬 18 度,三亚 1 月日均最低气温达 20℃,位列 55 个城市首位,为候鸟老人提供了一个温暖如春的冬季避寒胜地。三亚以美丽的海上风光而闻名,亚龙湾、大东海、三亚湾三大海湾是三亚主要的滨海胜地。三亚的空气质量优良,森林覆盖率高达 64%,被誉为"天然温室",为老年人提供了一个清新的生活环境。此外,三亚的医疗条件也相对优越,每千人病床数和医生数均位列前茅,为老年人的健康提供了可靠保障。三亚过去是东北老人冬季避寒的首选,近年来新兴的康养服务为全国各地越来越多的老人提供了更为丰富多元的养老生活选择。总之,三亚以其得天独厚的热带海洋性气候、优美的自然和人文环境、完善的医疗设施,成为候鸟老人过冬的理想城市。

4. 珠海

珠海是一座以海为邻的城市,位于珠江口的西岸,因其靠近温暖的南海,冬季的气候格外宜人,今年位列候鸟式养老冬季栖息地适宜度排行榜第四。珠海被誉为"百岛之城"和"花园城市",拥有漫长的海岸线和依山傍水的自然景观。它位于经济繁荣的粤港澳大湾区,交通便利,文化娱乐活动丰富多彩。珠海不仅是一个旅游热点,还拥有全球规模最大的长隆海洋王国博物馆,以及正在规划中的珠海·宋城演艺度假区,为游客提供了丰富的娱乐选择。珠海的空气质量清新,水体质量上乘,可以为候鸟老人提供一个健康、宜居的环境。这座城市以其独特的地理位置、宜人的气候、丰富的旅游资源和高质量的生活环境,成为冬季养老的优选之地。另外,珠海毗邻澳门,旅居珠海的候鸟老人可以非常方便地顺便到澳门观光。

5. 广州

广州位列今年冬季候鸟式养老栖息地适宜度排行榜第五。广州的冬季气候温和，除了很少见的强冷空气南侵外，多数年份冬季气候宜人，最冷的1月日均最高气温为18℃，日均最低气温为10℃。广州的旅游资源十分丰富，拥有90个A级景区，自然与人文景观闻名遐迩。沙面岛的欧式风情、荔湾区的岭南水乡画卷、南沙湿地的候鸟天堂……令人流连忘返。作为华南的中心城市，广州的海陆空交通均极其便利，通过白云机场和四通八达的高铁和高速公路网联通全国和世界各地。因此，就交通条件而言，广州是55个候鸟式养老冬季栖息地中最为优越的。此外，广州的医疗条件极其优越，以高达67所三甲医院在全国所有城市中位列前三，可以为候鸟老人提供充足和优质的医疗服务。

6. 琼海

琼海是一座享有"文化之乡""华侨之乡""文明之乡"以及"中国温泉之乡"盛誉的城市，位列2024年冬季候鸟式养老栖息地适宜度排行榜第九。琼海坐落于海口与三亚之间，到海口和三亚的高铁分别是半个小时和1个小时，相当便捷。作为一座海滨城市，其冬季气候温和，1月份的平均最低气温达到16℃。琼海的空气质量极佳，全年有361天空气质量达到优良标准，空气质量优良率为99%。琼海不仅自然环境优美，还拥有丰富的历史文化，包括传奇的红色娘子军故事、风景秀丽的万泉河以及享誉世界的博鳌亚洲论坛，这些元素共同塑造了琼海独特的红色历史、蓝色风光和绿色生态。在海南众多候鸟式养老栖息地中，琼海的人均消费水平较低，是一个宁静且生活舒适的城市。

7. 西双版纳傣族自治州（首府景洪市）

西双版纳位列今冬候鸟式养老栖息地适宜度排行榜第十四。西双版纳在傣语中意为"理想而神奇的乐土"，位于云南省南端，以其独特的热带雨林气候和丰富的民族文化而闻名。这里年平均气温在18℃～22℃，典型的"长夏无冬"。西双版纳的旅游特色可以概括为"热、傣、水、边"。

"热"代表热带植物和动物,西双版纳州内的森林覆盖率高达 81%,是名副其实的"天然氧吧";"傣"体现傣族为主的多民族特色,游客可以在泼水节等传统节庆活动中感受独特的傣族文化,在划龙舟、放高升、泼水等活动中表达对彼此诚挚的祝福;"水"指的是一江连六国的澜沧江—湄公河;而"边"则代表了中缅、中老边境的异国风情,使得这里的文化更加多元而包容。另外,西双版纳的美食也是一大亮点,这里的美食酸甜苦辣香俱全,老人们在这里可以开启一场奇妙的味觉之旅。从酸爽的凉拌芒果到香甜的菠萝饭,再到当地特色的包烧和烤鱼,每一种风味都让人回味无穷。总之,无论是体验热带自然风光,还是寻求文化体验,西双版纳都能满足候鸟式老人的需求。

五、小结

候鸟式养老群体作为巨大的潜在客户,可以带动房产、住宿、餐饮、娱乐、交通等产业的发展,拉动就业,促进栖息地经济的持续健康发展。随着老龄化的不断加深,候鸟群体日益壮大,这预示着候鸟式养老庞大的市场需求。气候资源是天赐的,只要好好保护并善加利用,就能够给亿万老人提供源源不断的候鸟生活条件。相信我们评出的 55 座冬季栖息地城市和 76 座夏季栖息地城市能够为候鸟老人提供越来越好的越冬和避暑生活条件。

本评价是我们献给亿万老人和相关城市、产业、养老机构从业人员的候鸟式养老指南。2024 年是第六次发布《中国候鸟式养老冬季栖息地适宜度指数》、第五次发布《中国候鸟式养老夏季栖息地适宜度指数》。希望本指南能让更多人所受益。

(罗守贵)

注:本评价选用了相关作者、机构或网站的数据资料,在此一并表示感谢!

案例分析篇

发展银发经济增进老年人福祉
——九如城三年行动计划

    2024 年 1 月 15 日,国务院办公厅印发《关于发展银发经济增进老年人福祉的意见》,引发行业和全民关注,几可喻示银发经济"元年"的到来。党的二十大以来,以习近平新时代中国特色社会主义思想为指导,深入贯彻积极应对人口老龄化国家战略,以人民为中心发展养老服务,推动有效市场和有为政府更好结合,促进事业产业协同,让 3 亿多老年人安享、乐享幸福晚年,力促银发经济规模化、标准化、集群化、品牌化发展,党和国家正展现高瞻远瞩的坚定决心。

    面对日益庞大的老年群体和巨大的养老市场需求,各种产业纷纷加入银发经济赛道,养老相关产品和服务层出不穷。九如城集团在发展过程中,尤为重视发展战略布局和战略创新,尤为专注为老年人提供多层次养老服务,坚持"两全模式、四级体系、六位一体"的多元业态发展,因时而动,抓住时代发展机遇,超视距穿透行业找到发展要素引领点,抢占先机,布局市场,创建特色服务模式,搭建特色服务体系,不断夯实发展基础,不断更新为老服务产品,提升养老服务品质,同时凝练自身经验为同业发展提供咨询服务,引领行业发展。未来,九如城将在国家大政方针指引,持续探索中国式养老服务现代化发展路径,高质量发展康养服务,共同成就亿万幸福家庭。

一、发展民生事业,解决急难愁盼

(一)扩大老年助餐服务

九如城为加快实现区域性老年助餐服务场所数量、提升助餐服务供给能力、健全助餐配送体系等目标,切实提升老年助餐服务质量,在九如城服务到达的地域都快速形成了 10 余个区域性九如特色老年助餐服务模式。该模式从制度、体系、供给、质量、管理等五个方面重点发力,推动老年助餐服务健康、高质量发展,让老年人吃上更加便捷、安全、优质的餐食。九如城将其总结为有"5 度":制度规范化,助餐服务"有尺度";助餐体系化,保障助餐服务"有宽度";供给精细化,确保助餐服务"有精度";服务品质化,促进助餐服务"有温度";管理智慧化,实现助餐服务"有准度"。表 1 是九如城老年助餐服务现状及规划情况:

表 1　九如城老年助餐服务现状及规划

年份	现状及目标
2024	助餐点 300 个,日均服务老年人 2.0 万名
2025	助餐点 500 个,日均服务老年人 3.5 万名
2026	助餐点 1 000 个,日均服务老年人 8.0 万名

(二)拓展社会化居家助老服务

九如城在养老服务进入的所有区域,自 2021 年起即积极开展"九如家"新行动,拓展居家养老服务社会化市场,聚焦一刻钟社区居家养老服务圈,直击痛点、堵点。九如家依托九如城集团完善的医康养护资源体系作为资源支持,满足一定区域内全部长者全生命周期的居家养老照护服务,提供包括社区助浴点、入户助浴、家政服务、护理服务、药事服务、陪诊服务、健康管理、精神慰藉等多种居家助老服务。九如家在已经布局的社区居家站点的基础上，探索居家养老服务实践创新，以期完善养老服务体系，拓展养老新格局，系统性解决地区养老问题。表2提供了九如城社会化居家助老服务现状及规划：

表2　九如城社会化居家助老服务现状及规划

年份	现状及目标
2024	居家上门服务 20 万人，占集团总营收的 20%
2025	居家上门服务 35 万人，占集团总营收的 35%
2026	居家上门服务 50 万人，占集团总营收的 50%

（三）优化老年健康服务

九如城近年持续加强了康复医院、护理院、认知症照护、安宁疗护专区的发展建设，其中建成运营康复医院 9 家、护理院 19 家，100% 的九如城养老综合体和 80% 的养老机构都设置了认知症照护、安宁疗护专区。在发展过程，九如城在内部建立了资源共享机制，充分利用康复医院和护理院的专业资源，通过日间康复、家庭病床、上门巡诊等方式将康复服务延伸至社区和家庭，开展老年康复评定、康复指导、康复随访等服务，以点带面推动了区域内养老服务的有序健康发展。在医养结合方面，九如城将康复理念有效融合到专业护理中，连锁运营宜兴九如城康复医院、徐州云龙康复医院、常州康复医院、抚州康复医院等 9 家康复医院。医院定位为"小全科、大专科"，为国内领先的针对神经康复、骨关节康复、疼痛康复、老年病及慢性病诊疗的专业康复医疗机构。九如城康复医养的规模化、效率化与品质化优势，有效破解了养老服务供需中的空间错位、时间错位与价值错位问题，为老年人提供了更优质的服务。表 3 提供了九如城老年健康服务现状及规划：

表 3 九如城老年健康服务现状及规划

年份	现状及目标
2024	康复医院 10 家,护理院 22 家
2025	康复医院 11 家,护理院 26 家
2026	康复医院 12 家,护理院 30 家

(四)完善养老照护服务

近年来,九如城在城市拓展、发展养老服务过程中,一方面通过自身努力发展建设护理型床位,另一方面也积极与各地政府部门一道加大对普通养老机构的改造力度,不仅实现了养老床位量的快速提升,也实现了床位建设质的改变,护理型床位占比达到 60% 以上,2024—2026 年预计增加护理型床位 10 000 张。与此同时,在江苏、浙江两省九如城所属养老机构通过标准化改造升级增设认知障碍老年人照护专区,通过专业化培训提升失能老年人照护能力。

(五)丰富老年文体服务

九如城在丰富老年文体服务方面,通过连锁运营 300 个区域性养老服务中心、800 余社区为老服务中心等养老服务设施,100% 设置了老年大学或适合老年人阅读的老年图书室、棋牌活动室等文娱活动空间,为老年人提供学习氛围和个性展示平台。九如城上海朱家角综合为老服务中心为周边老年人提供功能齐备的社区居家养老服务,常年聚集近 200 位老年人共享幸福晚年生活,受到民政部表彰。

2024 年始,九如城启动"银龄成长中心"建设计划,首度在上海、杭州、成都等城市成立 10 个示范性实体店开放办学,开展社会化老年教育活动。随着越来越多的"60 后"步入老年行列,拥有丰富经验和知识并且渴盼老年继续成长和展示个性的人群也越来越富集,成为社会强大的需求。在此背景下,"银龄成长"应运而生,老年人通过学习、交流、主动参与等方式,实现自身的知识更新、技能提升、心理调适和价值实现。如何促进银龄群体的成长和发展,这是一个非常重要的课题。九如城集团不断扩展产业链深度和广度,在此方面也做出了自己的尝试,未来也将继续推进这方面的研究和发展,继续发挥引领作用。表4提供了九如城老年文体服务现状及规划:

表4 九如城老年文体服务现状及规划

年份	现状及目标
2024	在上海、杭州、成都等城市设立银龄成长中心10个示范店
2025	在南京、广州、扬州、青岛等城市设立银龄成长中心,数量达到30家
2026	在武汉、惠州、厦门、金华等城市设立银龄成长中心,数量突破80家

(六)提升农村养老服务

在提升农村服务方面,九如城承接运营了相当数量的乡镇敬老院,积极促成乡镇敬老院的适老化改造和提档升级,除完成"应接尽接""应收尽收"兜底老年人养老服务等任务外,还将空余养老床位向社会长者开放,形成包括江苏宜兴"1+12"、新沂"1+5"等多样态农村养老服务模式(见表5)。与此同时,九如城还将机构养老服务资源下沉到农村社区/村组,为老年人提供老年助餐、居家助老、老年健康管理服务;在有条件的地方,还向农村老年家庭提供家庭养老床位专业照护服务。

表5 九如城农村养老服务现状及规划

年份	现状及目标
2024	安徽六安"1+4"农村养老服务模式
2025	福建南靖"1+6"农村养老服务模式
2026	杭州胥口镇"1+13"镇村养老服务模式

二、扩大产品供给，提升质量水平

(一)培育银发经济经营主体

在养老服务领域，央企国企发挥着资源优势整合、项目引领示范作用。九如城作为养老服务先行先试的民营企业，不断加强政企、校企沟通，助力银发经济政策、资金、信息等直达快享，培养出行业研究、养老建筑设计、适老家居、养老教育、银龄成长、医疗康复、银发旅居、智慧康养等多样经营主体与服务发展业态。未来3~5年，九如城旗下的银发经济经营主体将在国家发展大势中得到进一步成长，共同构建银发经济繁荣的图景。表6提供了九如城多业态银龄产业现状及规划：

表6 九如城多业态银龄产业现状及规划

年份	现状及目标
2024	已有专业公司持续成长，银龄成长中心迅速布局
2025	已有专业公司至少1家成长为亿级营收企业，银龄成长中心加速布局
2026	已有专业公司至少2家成长为亿级营收企业，银龄成长中心布局超10座城市

(二)融入产业集群发展

九如城早在2012年即开始在长三角、粤港澳大湾区、成渝等区域布局发展养老产业，将有更多可能融入当地产业集群发展(见表7)。在江苏宜兴，九如城、雅达、大有秋等康养品牌构成了宜兴产业集群，支撑一个市域康养产业及服务发展。在成都武侯区，九如城康养综合体一方面融入当地康养产业集群，另一方面也高站位发展当地康养产业，共同构成集聚效应，高水平银发经济产业发展态势得到突显。在广东佛山、惠州，九如城融入粤港澳大湾区康养产业发展布局当中,也取得了令人瞩目的成绩。

表 7　九如城康养产业集群发展现状及规划

年份	现状及目标
2024	高站位融入成渝、粤港澳大湾区康养产业集群
2025	持续融入成渝康养产业集群发展,形成引领之势
2026	在江西抚州、福建漳州、浙江台州等地,与国企形成新的康养产业集群

(三)提升行业组织效能

九如城依法注册成立"江苏九如养老养生研究中心"组织,与上海、江苏、浙江等地著名高校进行横向课题研究,为养老行业发展积极建言献策,还受托为全国十余城市编制"十四五"养老服务规划、"一老一小"整体解决方案、编制养老服务地方标准等工作。近几年还连续举办朱家角康养论坛、合办中国候鸟式养老栖息地适宜度指数发布、撰写出版《中国养老行业发展报告》等活动,支持行业交流、产业运行监测分析和信息发布。表 8 提供了九如城养老行业公共服务现状及规划:

表 8　九如城养老行业公共服务现状及规划

年份	现状及目标
2024	研究行业核心问题,提供解决方案
2025	加入"十五五"养老服务规划编制行业,为国家顶层设计建言献策
2026	凝练政府和企业发展经验,为新疆等边远地区发展提供智力支持

(四)推动品牌化发展

九如城通过十余年深耕养老行业,已成为银发经济领域头部企业,实现了专业化、连锁化、集团化发展。

　　未来将积极依托中国品牌日、全国"质量月"、全国知识产权宣传周等活动，扩大九如城养老主品牌及其他系列副品牌影响力。九如城还将积极通过中国国际服务贸易交易会、国际康养产业论坛等平台展示推介银发经济前沿技术和产品服务，举办产业对接等活动。九如城品牌构建现状及规划如表9所示：

表9　九如城品牌构建现状及规划

年份	现状及目标
2024	支持国外养老经典编译出版工作，参加荷兰国际康养论坛，启动"九如银龄"品牌
2025	持续举办朱家角康养论坛，行业高峰交流大会
2026	九如城康养服务国际化发展开启新篇章

（五）开展高标准领航行动

　　九如城参加了十余个康养医疗领域的国家标准、地方标准、行业标准的编制工作，其中主导编制第一个智慧养老领域团体标准，全国第一个养老服务应急救援中心建设地方标准等，并在养老服务、文化和旅游、老年用品、适老化改造、智能技术应用等领域开展标准化试点5个，其中九如城在江西抚州成功入选第一批全国养老服务标准化试点养老机构。2024年，九如城还采用国家标准，对所属养老机构进行顾客满意度测评，对数万名入住老年人及家庭展开满意度调查，并借此提升养老机构的标准化运营与服务水平（见表10）。

表10　九如城高标准行业领航现状及规划

年份	现状及目标
2024	继续参与地方标准编制，开展九如城养老机构数万顾客满意度问卷调查

（续表）

年份	现状及目标
2025	继续参与地方标准编制,持续开展标准化认知症照护专区建设等
2026	凝练老年旅居标准化管理经验,向行业推广

（六）拓宽消费供给渠道

九如城正加速研发、设计、完善老年消费平台,鼓励子女线上下单、老人线下体验服务,在养老机构、社区综合为老服务中心及站点等银发服务空间,打造让老年人放心消费、便利购物的线下超市(见表11)。

表 11　九如城线上线下联动助老消费平台建设现状及规划

年份	现状及目标
2024	"99康养"线上平台超市银发产品品牌过 300 个,线下超市 100 个
2025	"99康养"线上平台超市银发产品品牌过 600 个,线下超市 200 个
2026	"99康养"线上平台超市银发产品品牌过 1000 个,线下超市 300 个

三、聚焦多样化需求,培育潜力产业

（一）强化老年用品创新

九如城将加强与上海东方国际集团的合作,以服务产品合作,增加老年用品如功能性老年服饰、鞋帽产品的开发,在老年服装面料、款式结构、辅助装置等适老化研发设计中闯出一条新路。与光明食品加强合作,开发适合老年人咀嚼、吞咽和营养要求的保健食品、特殊医学用途配方食品。

（二）打造智慧健康养老新业态

九如城将持续支持旗下智慧养老品牌企业"中科西北星"，进一步推进新一代信息技术以及移动终端、可穿戴设备、服务机器人等智能设备在居家、社区、机构等养老场景集成研发和应用，发展健康管理类、养老监护类、心理慰藉类智能产品，推广应用智能护理机器人、家庭服务机器人、智能防走失终端等智能设备，开设更多机构和社区老年用品与服务展示区及体验馆，让更多老年人享受智慧健康养老新成果带来的福祉。

（三）拓展旅游服务业态

九如旅居依托九如城集团旗下分布于长三角、珠三角、华北及成渝的300余家自有基地，利用适老化空间、养老空余床位和"医、康、养、护"专业人员，根据不同年龄段、不同消费能力老年人群的多样需求，从居住、餐饮、文化、保健、养生等方面为老年人打造一套产品体系，2023年经国家文旅部办公厅等三部门评选，入选全国"20家老年旅游典型案例"。未来三年，九如旅居将持续完善老少同乐、家庭友好的旅居基地服务设施，推出更多家庭同游旅游产品，推出一批老年旅游发展典型案例，拓展推广怀旧游、青春游等主题产品。坚持以自己独到的长者照护专业优势，便利高龄老年人出游。同时，促进覆盖全国的旅居养老产业合作平台的创建，将更多城市纳入九如旅居养老目的地。

（四）推进适老化改造

九如城集团有两个专司适老化建筑空间规划、设计与打造的专业公司，二者在九如研究院的专业研究支撑下，开展"更懂运营的医养一体化"咨询服务。

九如设计聚焦康养空间设计，以研发为驱动、以创新为手段、以运营为核心，从最初的1.0阶段——硬件标准化，到2.0阶段——部品标准化，再到 3.0 阶段——专区标准化,历经三个阶段的发展,形成了"全流程＋一体化设计"的服务模式,已实现可复制、全龄友好型医养融合产品系列的进阶,并提炼出可快速指导施工的"345"标准化手册,以专业的标准化设计运营体系提升客户服务品质。目前在全国 17 个省级行政区,20 多个重点城市拥有落地设计项目,项目类型涵盖医养综合体、康复医院、护理院、养护院、颐养公寓、嵌入式小微机构、综合为老服务中心、日间照料中心等。

汎拾实业专注银龄空间打造,集室内软装、室内外景观、适老产品设计与销售、信息智能化等多专业服务板块于一体,提供含项目软装落地呈现、家具产品研发与供应、项目软装配饰搭配优化、项目硬装改造、适老产品/辅具搭配、标识标牌规划等在内的多项服务。在特色专区方面,沈拾实业从细节入手对感官疗愈元素进行升级,植入蒙台梭利认知训练疗法,打造了包含感官疗愈交往厅、认知训练餐厅、记忆长廊、认知花园以及特色楼层标识系统的认知症专区样板,先后在青岛、嘉兴、湖州、宁波多家机构打造更有温度的九如城特色银龄空间。

(五)加强数字科技运用

九如城秉持将智慧技术深度融入养老护理领域的愿景,推动银龄产业的数字化赋能和智慧化发展。公司制定了一系列综合性商业策略,推进智能平台的开发、用户需求导向的新产品设计和康养服务领域的技术创新。在智慧体系方面,九如城目前已推出三个创新性的智慧康养服务平台。九如城智慧养老平台整合机构、社区、居家和康复医疗信息数据,形成了一体化的大数据平台。同时,该平台也面向卫生保健人员,为其提供高质量的培训和就业机会。除信息平台的搭建,九如城还积极投资于物联网领域,尤其是物联网技术在智慧康养领域的研究与应用,涵盖多种居家养护场景,包括医疗、饮食、居住、护理和安全领域。目前,该服务已成功落地苏州、南京、宁波、广州、成都等全国百余城市,为不同地区的长者提供优质的居家养护服务。

（六）推进人才队伍建设

养老的核心是服务，服务的核心是人才。秉持"教育支撑专业，专业支撑服务，服务支撑品牌"的理念，九如教育不断为行业输送多维度、多层次的复合型优秀人才。2009年，九如教育便与九如养老并行起步，通过十余年行业经验沉淀，孵化了10 000余名员工，培育了60 000多人次康养行业人才，举办了50余场行业研究论坛。沿着"从养老到教育"的战略路径，凭借多元化的课程内容、资深的实战讲师天团，九如教育拥有了多个省级养老服务人才实训基地，并借助九如城集团的运营版图，连锁化布局全国各地教育培训中心，培训内容涵盖初、中、高级护理员，技师、高级技师养老护理员，以及老年人能力评估师技能培训与认定等。

九如教育主要有养老职业培训、产教融合人才输出和新媒体线上教育三个主营业务。在养老职业培训方面，对内助力九如城集团打造学习型组织，遵循"精准、专业、务实、温暖"的原则，将培训精准分类，进行专业化学习。对外通过组织社会培训赋能行业，现已完成2 000余场线上线下培训。在产教融合方面，九如教育60余所合作的职业院校联合招生、联合培养、共建基地、资源共享。作为国家产教融合型企业，在职业大赛方面，九如教育具有丰富的组织经验，先后承接"第六届无锡技能精英大赛健康照护师预选赛""漳州市养老护理员职业技能竞赛"等比赛，助力养老产业服务人才的质量提升。未来，九如教育将借助新媒体线上教育，把握时代脉搏，不断创新突破，持续为康养人才培育作出努力。

四、结语

感知时代之变，先知先觉，因时势而动，一直是九如城制胜法宝。九如城强调九如人要有思想,能够在时代变革背景下讨论问题,把思想变成理想,把理想变成可落地的方案和行动。九如城认为,要在养老行业找到细分行业,要在行业纵深中找到一条杂而生、精而细、难而精的发展道路,难而艰辛的、窄而深入的才是集团发展的出路和方向,这个出路和方向就是行业企业"众所不欲"而九如城"惟道是从"的个性化、专业化、品牌化的养老服务。迎接银发经济增长高峰时代,为客户创造新需求,为市场创造发展新空间,在市场新空间中找到符合自己成长和发展的土壤,并在未来带领行业发展,发展好养老行业就是推动社会进步,推动社会进步就是为客户创造幸福,九如城以此认识和行动来"读懂时代",既高屋建瓴又未雨绸缪,用企业的全面发展创新,解决时代面临的重大难点、堵点、痛点、热点问题,同时也让九如城在发展路上找到最核心的光明大道,不断助力全体老年人实现对美好生活的向往。

(龚　纯)

东犁退休俱乐部的时空之旅
——从内容制作到服务提供的成功跨界

一、企业简介

东犁退休俱乐部是为退休人群提供服务的社交平台,隶属于上海东犁文化传播有限公司(简称"东犁文化")。自2015年成立以来,东犁退休俱乐部致力于为退休人群提供丰富多元的社交及生活服务,涵盖休闲旅游、社交聚会、特色商品和兴趣爱好等方面。公司以满足老年人对美好生活的向往为使命,通过线上线下结合的方式,已经为超过600万用户提供高品质的退休生活服务。东犁退休俱乐部的服务网络目前已覆盖江浙沪地区,并不断扩展服务项目,成为老年人生活方式创新的引领者。

东犁文化的创始人及董事长吕辰晔是一位连续创业者,曾留学日本学习电视制作专业,回国后创立上海日欣文化传媒有限公司。吕辰晔凭借在日本电视媒体业学习的先进理念以及在亚洲的丰富媒体资源,制作了诸多电视栏目,节目内容涵盖旅游、时尚、美食、音乐和生活资讯等。其中以旅行节目《东京印象》(2005年)和榜单类城市生活资讯节目《淘最上海》(2010年)最为知名,在上海乃至全国都获得了极高的收视率和知名度。吕辰晔在电视内容制作方面的成功经历,为其在养老服务领域的创业提供了媒体专业技能和资源优势。

在东犁文化成立十年后,东犁退休俱乐部的运营模式已经日趋稳定,可以用"一体两翼"来描述。退休俱乐部社区的会员是潜在的终端消费者,构成"一体"。由电视节目、公众号矩阵、直播短视频、小程序和线下活动构成的一翼,侧重于深度用户运营,从而形成高阅读量的社交媒体流量。而旅游、聚会、商品和兴趣爱好等服务则构成另外一翼,旨在打造高品质的适老化服务生态。东犁退休俱乐部的商业模式可以概括为,以中老年生活服务资讯内容为核心,借助媒体和线下活动获客,通过会员权益转化会员并沉淀用户数据,采取志愿者运营方式,围绕用户社交和健康需求,做旅游、聚会、适老化商品以及兴趣爱好等衍生品变现。

二、高阅读量的社交媒体流量

东犁退休俱乐部从电视媒体和纸质媒体切入银发市场,是上海最早开始专注于银发人群、独立生产垂直内容、聚焦区域运营的媒体平台。其制作的《我们退休啦》电视节目于 2015 年 5 月 4 日在上海电视台新娱乐频道正式开播,是首档面向上海老年观众提供生活服务资讯的栏目,节目得到了上海市老年基金会的支持。栏目早期以电视公开课的形式呈现,邀请到沪上演艺界"退休"名家汇聚"教室",与电视机前的老年观众成为"同学"。公开课内容涉及健康养生、养老新政、养老理财、法律援助、兴趣爱好和专家解读等。老年观众不仅可以学习知识,还能获取不少福利,包括专家解析养老政策和热点新闻等。《我们退休啦》借助创始团队过硬的内容制作能力,以及过往节目的背书,栏目一开播就获得了不俗的收视率,并得到了众多品牌方的广告投放。

东犁退休俱乐部传播端的架构中还包括报纸、微信公众号以及线下活动。《我们退休啦》周刊与《我们退休啦》电视节目同步推出,内容以中老年生活的各类实用资讯为主,也包含一些话题和产品信息。其中,头版头条内容主要以介绍退休人群去哪儿玩为主,报道全世界适合退休人群旅游聚会的城市和场所。随后,微信订阅号"退休俱乐部"上线,并退休俱乐部会员招募,完成会员注册即可获赠《我们退休啦》周报。2015 年 8 月,启动退休俱乐部"月月演"线下活动启动,通过面对面互动增强会员黏性,促进公司品牌传播。

在后续的运营中,随着公司对用户需求的深入理解及社交媒体新形态的出现,传播内容不断丰富,传播形式也不断迭代,资讯传播与服务供给之间形成强耦合的关系。特别是《我们退休啦》电视栏目的内容,做到了与时俱进。目前的主题包括"退休了去哪儿玩""聚会新方式""健康养生""兴趣爱好"和"生活时尚"。节目每周一至周五在上海电视台都市频道播出,收视率为 1.8%,覆盖受众人数为每天 40 万。

以 2024 年 10 月 5 日的节目为例,上海电视台都市频道的"开心全接触:我们退休啦"栏目,旅游推荐官介绍东犁退休俱乐部提供的热门旅游线路,详细解读每天的行程,如新西兰南北岛十一日游线路。旅游推荐官并不是传统意义上的电视主持人,而是东犁退休俱乐部的"主播"。美轮美奂的旅游场景画面结合主播清晰易懂的台词,有利于观众形成代入感,并对旅行的美好体验产生强烈的期待。电视屏幕上持续显示二维码,观众扫描二维码,就可链接到东犁退休俱乐部的旅游客服微信界面,通过该客服发送的二维码,可以选择进入东犁退休俱乐部(电视)的旅游群。群中大约有 7~8 位东犁俱乐部的"旅游客服"或者"旅游小管家",小管家每天早中晚在群中推送近期的旅游聚会资讯和会员福利,并提供个性化服务。

随着中老年群体越来越多地使用智能手机获取资讯及购买商品和服务,东犁退休俱乐部持续构建新媒体矩阵,先后布局微信、直播和短视频矩阵。通过采取多平台分发内容的策略,弥补单一媒体触达、吸引用户时长不足的缺点,从而形成对目标用户的高频、长时间触达。微信公众号包括"东犁退休俱乐部""退休了去哪儿玩""东犁聚会家""东犁退休甄选"等,每一个微信公众号都聚焦于一种产品或服务类型。其中,"东犁退休俱乐部"已在全国十几个城市注册账号,并开展内容推广活动。公众号的平均阅读量达到 5～10 万,视频号平均单场直播观众 3～5 万,关注粉丝总数超过 500 万。

三、高品质的适老化服务生态

东犁退休俱乐部的服务涵盖旅游、聚会、商品和兴趣爱好四大板块,包含三十多项细分服务,其服务理念是"好吃不贵,好玩不累"。服务内容基于业务团队的长期摸索和深入的用户洞察,其间经历了多次调整、拓展和优化。

旅游服务是东犁退休俱乐部进入银发市场的第一项业务。为了弥补运营团队从媒体行业跨界到老年服务行业经验不足的问题,团队采取了精准的产品开发策略,与同行形成差异化竞争。俱乐部首先试水标准化的邮轮产品及出境游产品,聚焦中高端退休用户。这个策略的优点体现在两个方面:从用户视角来看,保证服务质量和旅游体验,有利于口碑传播;从运营视角来看,可以将有限的资源聚焦于核心业务,保证服务质量。

在此基础上,东犁退休俱乐部强化了产品的适老化,确保旅游服务为中老年人量身定制。由于其产品有别于传统旅行社的标准化产品,进一步增强了差异化优势。适老化主要通过三个举措来实现:一是费用透明,杜绝强制购物、半途加价等行为;二是实地考察每条旅游线路,确保乘车、住宿、用餐的每一个环节都严控细节,保障品质;三是旅游行程设计相对舒缓,符合老年人的身体状况和需求。

东犁退休俱乐部采取的聚焦和适老化产品策略看起来平淡无奇,但收效显著。早在 2016 年,国家旅游局就出台了《旅行社老年旅游服务规范》,从旅游景点和活动安排、行程安排、饭店、餐厅、购物安排、自费项目安排等十个方面提出了对老年人旅游产品的要求。然而,旅游行业中的大部分企业一方面有意开发银发旅游市场，另一方面却不愿意投入足够资金建设健全、人性化的服务体系，产品的适老化还处于浅层次水平，可供老人选择的产品较少。东犁退休俱乐部通过聚焦和适老化策略，有效地建立了品牌信任，形成口碑，通过其媒体传播，在中老年群体中实现了社交裂变。

通过短线优质产品打开市场后，东犁的旅游产品品类逐步丰富，对用户需求的发掘也日益深入。目前已经形成周边游、国内长线、出境游、游轮游、主题游、度假酒店、私家团、旅居康养等多个细分服务类型，截至2019年底，其旅游收入已超过4亿元人民币。2023年，在市场逐步恢复后，旅游收入较2022年增长超过300%。未来两年，公司整体收入预估突破10亿元人民币。

聚会业务是东犁退休俱乐部近年开发的新业务，也是公司收入的重要增长点之一。开发和运营新业务时，东犁俱乐部始终坚持对老年用户需求的持续和深入洞察。在聚会产品刚上线时，市场反应一般。尽管提供了旅游、餐饮和娱乐一体化的服务方案，但用户参与度和复购率未能达到预期。究其原因，主要是初期方案针对性不足，对用户需求调研不够深入。

公司通过进一步的用户调研，发现退休人群的聚会需求多样，除了常规的餐饮和棋牌娱乐外，用户还希望有更具特色的定制化服务，如中医养生、拍照摄影、歌舞表演等。为此，东犁退休俱乐部进一步细分聚会业务，并根据用户需求开发了一系列一站式解决方案：

（1）多场景定制聚会：公司推出了多种不同场景的聚会套餐，如适合2～3天的"餐＋酒店＋景点"的套餐，和6～10人参与的"餐＋娱乐"套餐，囊括KTV、棋牌等服务，深受用户喜爱。

（2）高频大型聚会服务："壹天聚"业务的推出，将聚会体验与休闲娱乐相结合，提供全天吃喝玩乐一体的服务。用户可以通过人均约100元的价格，享受包括两顿正餐、KTV、舞池、拍照等在内的丰富活动，选址上也都能保证交通便利。

（3）深度运营用户社区：公司不仅提供聚会场所和服务，还通过线上线下结合的方式运营私域流量，建立了活跃的用户社区。月发帖量超过万条，用户的社交互动和活跃度显著提升。

经过以上优化，东犁退休俱乐部的聚会业务取得了显著的成效。各类聚会产品的销量稳步增长，部分产品单次销量已超过 3 万单。壹天聚业务的推出特别受欢迎，每次活动的参与人数和满意度均大幅上升。这一成功案例不仅让公司聚会业务成为收入增长点，还进一步提升了品牌在退休人群中的知名度和用户忠诚度。凭借对老年人需求的深入理解，公司正计划将其高品质的聚会和生活服务模式推广至更多城市，并通过线上线下资源的整合，进一步提升用户体验和市场竞争力。

四、独具特色的志愿者运营体系

东犁退休俱乐部组建了 500 人的志愿者队伍，志愿者主要负责带队国内外长线旅游线路，对旅行中的服务进行监督，解决处理旅行中用户遇到的问题。志愿者模式进一步提升了用户服务体验，对公司旅游业务的发展起到了关键作用。

东犁退休俱乐部每年公开招募志愿者，每年报名人数 1 000～2 000人，录取率 2.5%～5%。志愿者多来自体制内退休的用户，他们的共同特点是爱社交、爱旅游。公司每年也会为志愿者提供体验官活动，并进行才艺培训、团建和优秀志愿者评选。

志愿者的加入，一定程度上节省了公司旅游业务中带队的运营成本。同时，志愿者们也可以在退休后在俱乐部组织里老有所为，实现社会价值。

五、结语

东犁退休俱乐部成立近十年来,已经形成了独特的商业化模式。其一,媒体矩阵的运用。通过媒体矩阵多渠道地触达受众,以此占领受众的碎片化时间,将制作内容的经济价值和社会价值最大化。其二,对刚需产品做需求的个性化拆解。充分考虑用户的偏好,并注重新鲜体验。其三,充分利用"人情推荐"模式,包括朋友口碑相传、朋友圈推荐等。

东犁退休俱乐部的成功,体现了公司对退休人群生活质量提升的高度关注和深耕探索。从旅游、聚会到兴趣爱好和商品服务的全方位覆盖,东犁俱乐部不仅提供了丰富的产品选择,而且通过创新社交服务模式,为老年人打造了一个充满活力和幸福感的退休生活平台。

2024 年 12 月,上海市发布了《上海市推动银发经济高质量发展若干政策措施》。在加快重点领域产业发展方面,该措施提出要"丰富老年文娱业态",包括鼓励旅游平台企业开发面向老年人的专属旅游频道、提供省心游产品和"子女亲情付"等服务、鼓励主题公园和特色景区推出针对老年群体的优惠产品与套餐服务、探索打造适合银发人群的沉浸式文娱新空间等。站在高质量发展银发经济的新起点上,期望东犁俱乐部能够维持其先行者优势,发展成为老年人生活方式服务领域的标杆企业。

(戴 芳)

北京市朝阳区"一键呼"老年服务受欢迎[①]

一、背景

信息技术的快速发展在为老年人的生活带来诸多便利的同时,也为老年人使用这些新技术带来了挑战。

近年来,各地普遍反映,无论是居家还是出门,老年人面对日益普及的信息技术使用障碍深感不便。无论是通过手机还是通过其他电子终端操作应用程序,面对眼花缭乱的操作界面和错综复杂的多层菜单,上了年纪的老年人深感无力。那些反应力下降、视力和双手失能及半失能的老年人,基本上已经退出使用终端的行列。尤其当老人生病或处于危急时刻,惊慌失措之际,可能连119、120这样三位数的电话都难以拨出去,从而贻误抢救或处理危急事件的最佳时机。

二、朝阳区一键呼叫老年服务目标:便捷+高效

在北京全市16个区中,从户籍老年人口总量来看,朝阳区60岁及以上人口位列第一,超过70万人。经过广泛的调研,朝阳区民政局发现,辖

① 本案例获得国家社会科学基金青年项目"城市社区居家养老的多元要素协同与多维主体联动研究"(22CGL032)的支持。

区内的高龄老人、独居老人数量较多,经常会遇到突发疾病无法快速而准确的呼救情况。比如,有的老人慌乱或病痛中根本无法拨打电话或手机,非常容易贻误救治时机。

针对这种情况,朝阳区民政局决定为辖区内老年人安装"一键呼"智慧养老服务系统。"一键呼"终端分别连接北京 120 急救中心、朝阳区养老服务驿站、朝阳区社区卫生服务中心,为朝阳区高龄独居老年人和符合北京市基本养老服务对象的老年人提供急救、居家养老便民、健康咨询等呼叫服务。

"一键呼"已经具备了一定的智慧功能。比如,老人突发疾病,不用再拨 120,直接按下急救按钮就可以了。电话拨出后,如果不能讲话了,事先在社区登记备案的信息也会在急救系统后台显示。这样,急救车辆也能知道患病老人的准确住址,及时上门救助。为了避免老人发生意外时电话不在身边,"一键呼"还配备了挂绳以及简易呼叫器。老人只要按下呼叫器的急救按钮,也可以将急救电话拨打出去。

"一键呼"首先解决了"呼"的功能,但最重要的是线下响应。如果呼出去了无人接听,或者接听了无法及时上门服务,那"一键呼"就成了摆设。因此,养老服务驿站的服务就必需跟上。

为提升养老驿站的服务效能,加强和扩宽驿站与老年人的沟通和联系方式,区民政局通过与"一键呼"项目服务机构沟通交流,应用大数据、云计算等创新技术,为区内 148 家养老驿站免费安装了"养老驿站智能回访呼叫系统",把驿站服务的"一键呼"用户信息在确保安全的情况下导入该系统,通过系统代替人工对老年人回访进行预约和联系,回访内容和结果由系统自动保存,大大提高了养老驿站的工作效率,降低了运营成本,增加了养老驿站和老年人的沟通渠道,让老年人通过养老驿站的问候回访获得了关心和关爱。

三、使用效果:深受老人喜爱

"一键呼"的安装应用得到了老年人及家属的一致好评。截至2024年第三季度,仅急救服务一项,已累计呼叫73 981人次,累计出车抢救约2 185人次。仅2024年前三季度,急救呼叫就有16 080人次,出车抢救543人。

2024年重阳节之际,工作人员回访了部分老人,老人们对"一键呼"给予了高度的评价。例如,双井街道黄木厂社区刘鸿桥老人因为心绞痛使用了两次"一键呼"的急救功能。南磨房街道双龙南里社区刘信远老人因为心梗和心律失常情况使用了三次"一键呼"的急救功能。刘信远老人反映说,每次一按急救键,急救中心反应很快,救护车很快就到家中,非常及时。黑庄户街道双桥第二社区王爱梅老人一提起"一键呼"就赞不绝口,她因为心脏疼痛使用了一次"一键呼"的急救功能,急救车快速到家对她进行抢救,及时挽救了她的生命。

在总结经验的基础上,朝阳区民政局结合区财政事后绩效评估和审计工作,在肯定前期工作成绩的基础上找短板、补不足,在提升原来服务质量和效能的同时,增加了"一键叫车""一键挂号"等服务内容,方便老年人居家养老,夯实为民办实事项目成果。为进一步提高服务覆盖率、使用率和满意率,满足老年人的居家养老需求,2024年社区已经给区内80岁以上老年人和符合北京市基本养老服务对象的老年人7811户新装了"一键呼"智能服务终端。

四、推广价值及建议

朝阳区民政局为满足老年人的养老服务需求,提高他们的生活质量,尝试通过技术创新、服务模式探索和创新来实现这一目标。这些努力有望为老龄化问题提供新的解决方案，使老年人过上更加幸福、健康和智能化的生活。

回访和追踪调查表明，部分老人虽然在使用之初遇到了不太适应的问题，但很快就感受到了"一键呼"的便捷和有效性，该服务项目在朝阳区老年人中已经赢得了较好的口碑，让老百姓有了更多的获得感和幸福感。

这一服务不仅可以在朝阳区进一步推广，扩大对老年人的覆盖面，在北京市乃至全国都有推广的价值。

但根据调查中老人们反映的问题，我们认为，要大规模推广类似"一键呼"这样的智能化养老服务功能，还需要在以下几个方面进行优化：

第一，进一步智能化和适老化。"一键呼"是为老人服务的，不能像对年轻人那样要求老人具有对智能化设备的使用能力。比如，朝阳区为老人安装的"一键呼"在外观上就像是一个大号的座机电话，上面除了阿拉伯数字的按键，还有急救按键、存储子女电话的快捷键，还包括咨询、服务、火警等按键。这些功能似乎越来越多，但按键也越来越多，老人在紧急的时候可能根本分不清楚，又变成了面对一个复杂的操作键盘。所以，智能化服务本身可以越来越丰富，但使用方式应当越来越简单。或者说，人工智能可以越来越复杂，但使用起来应当越来越简易。对于服务对象是老人的智能化设备，任何研发和服务机构都应当牢记这一条。

第二，加快人工智能在养老领域的行业标准制定。人工智能正在快速走向养老院和家庭中的众多应用场景。但目前研发机构和生产厂家各自为政的情况还非常普遍，没有标准和规范的产品与服务不仅给用户的使用带来不便，而且存在安全和伦理风险。以北京朝阳区"一键呼"为例，其为不同批次老人安装的终端设备款式不一、功能上也有差异，不利于规模化的推广和进一步迭代升级。因此，非常有必要由龙头企业或相关机构牵头制定行业标准。

第三，与人工智能相配套的线下养老服务要跟上。人工智能再发达，最终还是要由人来操作,并最终要由人来落实服务内容,养老行业尤其如此。以北京朝阳区为例,"一键呼"呼出以后,必须有严格的保障机制确保在极短的时间内——比如像119、120那样的高效响应速度,更为重要的是,接到呼叫后要能以最快的速度及时上门处置。要做到这些并不容易,因为要专门配置一支为老年人服务的团队既要承担很大的经济成本,又要具有高超的管理水平。这对区域社会治理是一个很大的考验,因为它涉及多部门、多条线、多主体的责权利协调。但作为极具社会价值的创新,该项服务应当得到政府部门和社会各界的大力支持和理解,绝不仅仅是民政部门的事情。

(罗 津)

参考资料

[1] 中国网.聚焦为民办实事服务内容,"一键呼"让老年人获得感满满[EB/OL].(2024 - 10 - 15)[2025 - 04 - 09]. http://zw.china.com.cn/2024 - 10/15/content_117486903. shtml.

政策分析篇

2024 年度国家层面养老政策解读

一、落实党的二十大战略部署,推动养老事业和养老产业加快发展

2023 年是全面贯彻党的二十大精神的开局之年,也是推进"十四五"规划承上启下的关键之年。2024 年年度国家层面制定和发布了一系列养老行业专项政策,这些政策延续了"十四五"开局时期的总体思路、贯彻了"二十大"主旨精神,在持续完善养老服务体系、持续加强多元社会保障体系、持续健全健康支撑体系、持续完善老龄政策法规体系等方面不断添砖加瓦,为加快养老事业和养老产业的发展进一步夯实政策基础。

从数量上看,2023 年国家层面出台的主要养老政策有 25 项,其中 1 项为宏观性政策,其余 24 项都是专项政策(见图 1)。这与全面贯彻落实"十四五"规划指导思想和工作任务的进程相吻合,综合性、宏观性政策擘画开局,专项政策落实关键任务、主导实践攻坚。在专项政策中,养老照护服务方面占据主导地位,为 14 项;养老科技和智慧养老方面有 5 项,养老金融方面有 4 项,两者主要服务于养老照护服务。这说明新时期,养老产业更加关注和重视主业主责,以养老照护服务为基础,养老事业和养老产业相互促进,持续提升服务质量和效率,是养老产业高质量发展的核心

命题。

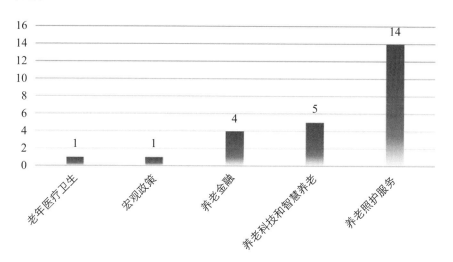

图1　2023年国家层面发布的养老政策数量统计

从时间上看,2023年是推进《"十四五"国家老龄事业发展和养老服务体系规划》全面实现的关键之年,又是落实党的二十大确立的"发展养老事业和养老产业""推动实现全体老年人享有基本养老服务"这一重大战略部署的推进之年。因此,2024年出台的政策基于"提升老年人的幸福感、获得感、安全感"的站位,既有对基本养老服务提升行动的深入推进,又有老年用品和智慧健康养老产品与服务推广目录的新发布,同时为推动社区嵌入式服务、老年助餐服务、一刻钟便民生活圈建设、数字技术适老化等出台了相应的行动计划或实施方案,与养老相关的国家标准也在持续发布。这些政策的不断出台,必然会提升养老服务供给能力,推动为老服务多业态创新融合发展,增强科技创新能力,进而有更多更优的智能化产品和服务惠及更多的老年人。

从内容上看,主要专项政策既延续了养老行业现有政策,突出专项化、精细化和实操性,又基于"二十大"对积极应对人口老龄化国家战略的部署,聚焦关键点、突破点、短板和弱项,酝酿或率先出台指导性意见,为后续探索执行层面的举措预留出政策空间。

◎ **养老照护服务政策。**2023 年 5 月,中共中央办公厅、国务院办公厅印发了《关于推进基本养老服务体系建设的意见》,首次发布《国家基本养老服务清单》,由此全国各地围绕"健全基本养老服务体系、更好保障老年人生活"的要求进行检核与提升;同时,国家层面又推出了多项行业标准,来规范养老机构的服务质量,推动基本养老服务体系建设,强化居家社区养老服务供给能力,实施居家和社区医养结合服务,推进城市社区服务设施建设,开展居家和社区基本养老服务提升行动,提升基本养老服务便利化与可及化水平。

◎ **养老金融服务政策。**推动养老金"第三支柱"的建设,促进专属商业养老保险产品的发展,满足不同收入群体的养老需求。推动个人养老金账户的建立和发展,提高个人养老金产品的多样性和灵活性。规范长期护理保险失能等级评估工作,促进评估工作的专业化和规范化,确保评估的公平、公正和及时性,保障参保人员的合法权益。加强养老机构预收费监管,防范化解养老行业的非法金融活动风险。

◎ **养老科技和智慧养老服务政策。**进一步强化智慧健康养老应用试点示范,打造标杆案例,提升产品供给能力,支持智慧健康养老产品及服务推广,提升产业公共服务能力,推动银发经济消费新市场发展。提升数字产品与服务供给的质量,改善老年用户体验,初步形成数字技术适老化产业生态,推动数字技术与适老化产业的融合发展。

◎ **老年医疗卫生服务政策。**2023 年 3 月,中共中央办公厅、国务院办公厅印发了《关于进一步完善医疗卫生服务体系的意见》,提出要推动优化医疗资源配置,提升医养结合服务供给能力,促进分级诊疗,提高服务质量,强化科学管理,持续深化改革。到 2025

年,将逐步健全服务体系,增强重大疾病防控和救治能力,提升中西医协调发展,推动有序就医和诊疗体系建设。

以上养老专项政策在发力点、侧重点上与"二十大"报告中的"实施积极应对人口老龄化国家战略,发展养老事业和养老产业"的战略主旨高度契合。随后我们将围绕"养老照护服务""养老金融服务""养老科技和智慧养老服务"三个主题的相关政策进行具体研究和解读。

二、完善事业产业并重发展机制,深化养老服务领域改革

2024年7月18日,党的二十届三中全会通过了《中共中央关于进一步全面深化改革、推进中国式现代化的决定》。该决定对当前及今后一段时期我国在经济建设、社会发展、国家治理等方方面面的改革作了全面部署,提出到2029年中华人民共和国成立八十周年时完成本决定提出的改革任务。该决定遵循"二十大"提出的"实施积极应对人口老龄化国家战略,发展养老事业和养老产业"的大政方针,部署发展养老产业一系列策略和举措实施"进一步全面深化改革"。

近年来,我国认真落实积极应对人口老龄化国家战略,聚焦群众养老服务需求,加快养老服务体系建设,初步建立了积极应对人口老龄化的制度框架,推动养老服务出现四个转变:一是从服务特殊困难老年人为主向服务全体老年人转变;二是从政府供给为主向政府、市场、社会多元供给转变;三是从机构养老为主向居家社区机构相协调转变;四是从兜底保障、生活照料向更有质量的医养康养结合服务转变。但与此同时,还存在老龄工作制度尚待完善、养老服务体系尚待健全、养老事业产业协同发展尚需提升等问题。

三中全会在"坚持以人民为中心,……增进人民福祉,……聚焦提高人民生活品质,……健全社会保障体系,增强基本公共服务均衡性和可及

性"等改革指导思想、改革总目标的统领下,高度重视人口老龄化带来的系列问题与挑战,进一步全面深化民生制度体系改革,系统谋划、科学施策,对养老产业的发展做出重要部署,力争走出一条中国特色积极应对人口老龄化道路。

(一) 重中之重是要完善发展养老事业和养老产业政策机制

党的二十届三中全会将"积极应对人口老龄化,完善发展养老事业和养老产业政策机制"作为全面深化民生制度体系改革的一项重要工作。

政策机制包括政策的制定、执行、评估和反馈等环节,这些环节相互衔接、相互影响,共同构成了政策机制的完整体系。政府在公共政策领域的运行逻辑是,通过一定的运作方式把事物各个部分联系起来,使它们协调并发挥作用。对于"完善发展养老事业和养老产业政策机制",要从两个角度去理解:一是"养老"这个"事",既涉及面向所有老年人保基本的"事业",又关乎老年人向往美好老龄生活的"产业","事业"与"产业"要兼顾好、协调好,做到"双好";二是养老政策的制定出台、执行监督、反馈评估要前后衔接、相互影响,养老资源、养老投入是宝贵的,"好钢要用在刀刃上",因此养老政策要讲求实效,增加信息透明度,加强监管、反馈与评估。为此,需要做到:

一是坚持"以人民为中心"。 党的二十届三中全会依此原则深化改革,解决民生问题要坚持尽力而为、量力而行,始终把人民群众的切身利益摆在突出位置。要顺应人民群众新期待,聚焦人民群众最关心、最直接、最现实的利益问题和急难愁盼需求,切实增进民生福祉。要坚持改革成果由人民共享,始终在发展中保障和改善民生,让改革发展成果更多、更公平惠及全体人民,不断满足人民日益增长的美好生活需要。

二是促进人口高质量发展。 积极应对人口老龄化蕴含的底层价值观是积极老龄观、健康老龄化。要立足中国式现代化建设的现实需要和实践进程,在促进人口高质量发展大局中,着眼全生命周期提高人口综合素质,开发老年人力资源,培育和发挥新人口红利,稳妥有序推进渐进式延迟法定退休年龄改革,推动养老产业改革创新发展。

三是促进养老事业和产业协同发展。养老事业主要针对老年人基础性的养老需要,而养老产业主要为满足个性化、高层次的养老需求,两者都是我国养老服务领域的重要组成部分。对于两者的关系,2024 年 9 月23 日在国新办举行的"推动高质量发展"新闻发布会时,民政部部长陆治原答记者问的回复很到位,总体要求是"要促进养老事业和产业协同发展",具体要做到"事业带动产业""产业支撑事业发展",形成良性循环。

四是加强养老服务综合监管。国务院办公厅于 2020 年出台《关于建立健全养老服务综合监管制度促进养老服务高质量发展的意见》（国办发〔2020〕48 号）,要求建立健全养老服务综合监管制度,加强质量安全、从业人员、涉及资金、运营秩序、突发事件的监管。历经几年发展,在 2024年新闻发布会上民政部部长陆治原答复称,如今政府对监管什么考虑已经非常到位,恰当地"回归"了政府的职责所在。一方面,站在客体"老人"的立场,以结果为导向,"加强对养老服务质量安全的监管",承担起制度设计与整合的职能,"完善居家社区养老服务、医养结合、老年助餐、养老社区等新兴领域的监管制度规则";另一方面,建立标准,规范各经营主体行为,"加强养老服务标准体系建设,推进养老服务项目、流程、价格公开透明,提供质量有保障的养老服务,让老年人安心、放心"。

2023 年 11 月 10 日,中国机构编制网发布《民政部职能配置、内设机构和人员编制规定》,民政部新设正司局级内设机构——老龄工作司,履行全国老龄办综合协调、督促指导、组织推进职能。老龄相关工作职责由国家卫健委划入民政部,可以强化老龄工作、养老服务工作的统筹领导与协调,有利于形成应对人口老龄化工作合力,更好地健全完善发展养老事业和养老产业政策机制。

（二）四方面着力全面深化养老服务领域改革

党的二十届三中全会指出，在发展中保障和改善民生是中国式现代化的重大任务。深化养老服务领域改革，健全人口发展支持和服务体系，可以促进人口高质量发展，进而全面支撑中国式现代化建设。

《中共中央关于进一步全面深化改革、推进中国式现代化的决定》提出了养老服务领域四个方面的改革着力点：

一是发展银发经济。 2024 年 1 月国务院办公厅印发《关于发展银发经济增进老年人福祉的意见》，对银发经济的发展给出了指导意见：解决老年人七大急难愁盼需求；以供给创造需求，推动银发经济向规模化、标准化、集群化、品牌化方向发展，培育高精尖产品和高品质服务模式；培育发展七大潜力产业；强化要素保障，优化发展环境等。

二是优化基本养老服务供给。 基本养老服务在实现"老有所养"中处于基础性、关键性地位。党的二十届三中全会要求，不断增强基本养老服务供给能力，加快健全完善覆盖全体老年人、权责清晰、保障适度、可持续的基本养老服务体系；促进基本养老服务供需高效衔接，健全完善居家社区养老服务体系，进一步优化以居家为基础、社区为依托、机构为专业支撑、医养相结合的养老服务供给格局，引导各类养老服务资源流向居家社区养老。

三是加快补齐农村养老服务短板。 我国农村老龄化形势更严峻，养老服务供需矛盾更突出、短板更凸显。民政部已于 2023 年 5 月发布了《关于加快发展农村养老服务的指导意见》（民发〔2024〕20 号），本次《中共中央关于进一步全面深化改革、推进中国式现代化的决定》再次突出了"加快补齐农村养老服务短板"的改革要求。农村养老覆盖面广、影响深远，只有加大投入，因地制宜加大农村养老服务供给，增强农村养老服务发展内生动力，补短板、强弱项，才能使农村养老服务得到质的提升、量的突破，实现城乡养老服务均衡发展。

四是改善特殊困难老年人的养老服务。 特殊困难群体是党和政府兜底保障的重点对象，必须切实兜牢兜实特殊困难老年人的基本养老服务需求。该决定要求以长期护理保险为抓手，提升特殊困难老年人养老服务能力，为失能老年人的生活护理、康复护理提供资金或服务保障，解决失能老年人长期照护"钱从哪里来"的问题；同时，要加强长期护理保险与社会福利、社会救助制度衔接，健全完善多层次养老服务保障体系。

三、出台顶层设计制度安排，加快银发经济"四化"发展

2024 年 1 月 15 日，国务院办公厅发布《发展银发经济增进老年人福祉的意见》，这是国家层面对发展银发经济作出的具体部署，是国务院办公厅发布的首个支持银发经济发展的专门政策文件，体现国家层面对这项工作的高度重视以及系统谋划、加快推动的紧迫要求。

发展银发经济，是实施积极应对人口老龄化国家战略的重要举措。2019 年，《国家积极应对人口老龄化中长期规划》提出发展银发经济。2021 年，国家"十四五"规划进一步细分银发经济业态，提出"发展银发经济，开发适老化技术和产品，培育智慧养老等新业态"。2022 年，《"十四五"国家老龄事业和养老服务体系规划》更是设"大力发展银发经济"专章，提出集群化发展思路，规划布局银发经济产业园区，打造一批银发经济标杆城市。2023 年 5 月，习近平总书记在二十届中央财经委员会第一次会议上强调，要推进基本养老服务体系建设，大力发展银发经济。党的二十届三中全会通过的《中共中央关于进一步全面深化改革、推进中国式现代化的决定》指出，发展银发经济，创造适合老年人的多样化、个性化就业岗位。

人口老龄化是我国当下及未来一段时期的基本国情。根据国家统计局公布的数据，截至 2023 年末，我国 60 岁及以上人口超 2.9 亿，占全国

人口的 21.1%，其中 65 岁及以上人口超 2.1 亿，占全国人口的 15.4%。联合国《世界人口展望 2022》数据预测，到 2035 年，我国老年人口将超过 4 亿，占总人口的 31%。《发展银发经济增进老年人福祉的意见》政策的发布，表明我国政府不再将现在及将来庞大的老年人口基数视为负担，而是认为蕴含着巨大的发展机遇，其中必将催生新领域和新赛道，成为在中国式现代化进程中探索具有中国特色应对人口老龄化道路的新支撑。发展银发经济，有利于扩大养老产品供给，满足老年人多样化、高品质养老服务需求，有利于培育经济发展新动能，促进养老服务消费，推动有效市场和有为政府更好结合，是积极应对老龄化融入高质量发展大局的体现。

银发经济是向老年人提供产品或服务，以及为老龄阶段做准备等一系列经济活动的总和，包含"老年阶段的老龄经济"和"未老阶段的备老经济"两个方面，涉及面广、产业链长、业态多元、潜力巨大。复旦大学老龄研究院发布的《中国银发经济发展研究报告》预计，2035 年银发经济规模将达到 19 万亿元，届时将占总消费的 28%，占 GDP 的 9.6%。

银发经济覆盖面广，现阶段相关产业主要集中在餐饮、护理、保健等基础养老服务方面。而同时，老年人多元化、差异化和个性化的需求正变得越来越旺盛和迫切，却尚未得到有效满足，其中蕴含着巨大的发展机遇，也必将催生新领域和新赛道。

该意见立足于"让老年人共享发展成果、安享幸福晚年，不断实现人民对美好生活的向往"的发展愿景，提出银发经济应该"坚持以人民为中心的发展思想"，发展壮大银发经济，要以老年人的需求为导向，积极回应老年人核心关切，从关键小事着手，满足各类养老需求，以提升老年人的幸福感、获得感和安全感。该意见指出"加快构建新发展格局，着力推动高质量发展"，应致力于优化供给，以供给创造需求，推动银发经济向规模化、标准化、集群化、品牌化方向发展，培育高精尖产品和高品质服务模式，进而推动实现更高水平的动态平衡。此外，面对新领域和新赛道，该意见认为要着力培育具有潜力的七大产业，以更好满足老年人的多样化需求。

(一) 发展民生事业,解决老年人七大急难愁盼需求

从居家、社区、社会活动等多方面入手,聚焦老年人群的七大需求,提出相应的解决方案:

(1)扩大老年助餐服务,鼓励餐饮和物流企业参与,提供老年助餐配送服务。

(2)拓展居家助老服务,支持养老和家政企业提供上门服务,发展助浴等多种居家养老服务。

(3)发展社区便民服务,建设社区服务中心,开设老年产品专区。

(4)优化老年健康服务,加强医院老年医学科建设,推动康复护理服务向社区和家庭延伸。

(5)完善养老照护服务,实行养老机构床位差异化补助,提升失能老人照护能力,建立服务转介机制。

(6)丰富老年文体服务:建设国家老年大学,发展老年教育和文化活动,加强体育设施建设。

(7)提升农村养老服务:利用农村设施开展养老服务,探索农村互助养老和特色养老产业。

(二) 扩大产品供给,锚定"四化"要求提升质量水平

按照"规模化、标准化、集群化、品牌化"的发展要求,通过六大行动助力银发经济高质量发展:

(1)培育银发经济经营主体,发挥国有企业的引领示范作用,发挥民营经济生力军作用。

(2)推进产业集群发展,规划布局高水平银发经济产业园区,依托各类平台推进银发经济领域跨区域、国际性合作。

(3)提升行业组织效能,支持企业、科研院所、行业协会等组建产业合

作平台或联合体,深化产业研究、资源整合、行业自律。

(4)推动品牌化发展,培育银发经济领域龙头企业,支持连锁化、集团化发展。

(5)开展高标准领航行动,开展标准化试点,对自主研发、技术领先、市场认可的产品,优先纳入升级和创新消费品指南。

(6)拓宽消费供给渠道,打造一批让老年人放心消费、便利购物的线上平台和线下商超,培育一批特色活动品牌。

(三)聚焦多样化需求,培育发展七大潜力产业

针对产业短板弱项,该意见结合供给端的发展基础,依据老龄群体和备老人群的需求特征,从老年人自身需要的老年用品、智慧健康养老产品和康复辅助器具,到抗衰老、养老金融和老年旅游等高品质服务,再到全社会适老化改造,重点谋划了七大潜力产业。

(四)优化发展环境,强化五大关键要素保障

不断优化产业政策环境,强化土地、资本、技术、劳动力、数据等关键要素支撑保障:

(1)加强科技创新应用,围绕康复辅助器具、智慧健康养老等重点领域,谋划一批科技攻关项目。

(2)完善用地用房保障,确保养老服务设施用房配置和银发经济产业用地需求。

(3)强化财政金融支持,加大对养老服务设施、银发经济产业项目建设的支持力度。

(4)推进人才队伍建设,鼓励老年人力资源开发。

(5)健全数据要素支撑,建立银发经济领域数据有序开放和合理开发利用机制,推动数据要素赋能产业发展。

(6)打击涉老诈骗行为,确保银发经济的健康有序发展。

发展银发经济,是有效应对人口老龄化的重要策略。银发经济涉及"衣食住行用、康养文旅服"等众多领域,需要统筹配置各类要素资源更好地适应老龄化社会的新需要,需要调动全社会广泛参与发掘银发经济的新动能。可以预期未来较长一段时间,会有更多的上下衔接、层层推进、方案实施层面的政策出台。

四、促进第三支柱养老保险供给,防范化解非法金融活动风险

2023年8月—2024年4月,国家在养老金融服务领域集中出台了有关"个人养老金""商业养老保险""养老机构预收费监管"等3个政策文件,目的在于优化个人养老金业务办理流程,促进商业养老保险发展,防范化解养老行业的非法金融活动风险。

（一）优化流程,个税递延型养老保险试点业务与个人养老金全面衔接

为促进个人养老金业务健康有序发展,2023年8月,《国家金融监督管理总局关于个人税收递延型商业养老保险试点与个人养老金衔接有关事项的通知》(金规〔2023〕4号)发布,政策要求获准参与个税递延型养老保险试点的保险公司应有序开展税延养老试点业务与个人养老金衔接,并为此制定了两相衔接的一系列细节安排。此项工作原则上应于2023年底前全面完成。

税延养老保险是指由保险公司等机构承保、运营的一种商业养老保险。个人在缴纳保费的一定金额之内可以在税前工资中扣除,而在将来退休后领取保险金时再缴税。2018年5月,上海市、福建省(含厦门市)和苏州工业园区正式试点税延养老保险。

2022年11月,《关于个人养老金有关个人所得税政策的公告》(财政部 税务总局公告2022年第34号)发布,规定自2022年1月1日起,对个

人养老金实施递延纳税优惠政策。在缴费环节,个人向个人养老金资金账户的缴费,按照 12000 元/年的限额标准,在综合所得或经营所得中据实扣除;在投资环节,计入个人养老金资金账户的投资收益暂不征收个人所得税;在领取环节,个人领取的个人养老金,不并入综合所得,单独按照 3%的税率计算缴纳个人所得税,其缴纳的税款计入"工资、薪金所得"项目。上海市、福建省、苏州工业园区等已实施税延养老保险试点的地区,自 2022 年 1 月 1 日起统一按照公告规定的税收政策执行。

由于税延养老险与个人养老金每年 12 000 元的税优额度是共享的,即使同时参与税延养老险和个人养老金,也最多只能享受 12 000 元的抵税优惠额度,因此再推行试点已无必要。上述两项政策的出台,将税延养老险的税优政策与个人养老金制度完全拉齐,而且定义了两相衔接的路径。

从政策走向上看,随着个税递延型养老保险归于个人养老金产品体系之下,未来个人养老金的产品体系会更加丰富,相关规范制度也必将更为健全与完善。

(二)支持全面开展专属商业养老保险业务,满足多样化养老保障需求

2021 年 6 月,原银保监会在浙江省(含宁波市)和重庆市开展了专属商业养老保险试点,鼓励试点保险公司积极探索服务新产业、新业态从业人员和各种灵活就业人员养老需求。2022 年 3 月,试点区域扩大到全国范围,并允许养老保险公司参与保险市场。

鉴于试点以来,业务进展平稳,社会反响良好,金融监管总局认真梳理总结试点经验,广泛听取各界意见,决定将专属商业养老保险从试点转为正常业务,并于 2023 年 10 月发布了《国家金融监督管理总局关于促进专属商业养老保险发展有关事项的通知》(金规〔2023〕7 号),允许符合条件的人身保险公司开展经营。

专属商业养老保险是一种资金长期锁定、专门用于个人养老保障的保险产品，具有投保简便、交费灵活、收益稳健等特点，是人们长期积累"养老钱"的一个新选择。经营这项业务的保险公司须有较强的综合实力，能够较为长期稳健地开展养老资金和风险的管理。该通知对保险公司经营条件提出了较高要求，明确所有者权益不低于 50 亿元且不低于公司股本（实收资本）的 75%，同时须满足偿付能力充足率、责任准备金覆盖率等标准；而且该通知规定，经营专属商业养老保险业务的保险公司应当定期确认相关指标是否符合规定，并相应进行业务调整。

该通知对专属商业养老保险销售管理有如下要求：

一是强化主体责任。明确保险公司应当履行销售管理主体责任，加强机构管理、人员管理和销售行为全流程管控。

二是规范销售渠道。除传统渠道外，保险公司可以委托大型银行、股份制银行，以及开办个人养老金业务的城市商业银行在其经营区域内宣传和销售专属商业养老保险。接受保险公司委托的商业银行通过官方线上平台宣传和销售的，应当完整、客观记录在销售页面上呈现的营销推介、关键信息提示和投保人确认等重点环节，满足互联网保险销售行为可回溯管理要求。

三是加强销售管理。该通知对销售宣传材料制作、保单初始费用收取、产品说明书、信息披露等都有明确的规定。

该通知支持符合要求的人身保险公司开展专属商业养老保险业务，以满足人们多样化养老保障需求。作为监督管理部门，金融监管总局必然会督促人身保险公司提高专业能力，加大人才队伍、信息系统建设等资源投入，同时会强化业务监管，保持对违法违规行为的高压态势，在保护消费者合法权益的基础上，推动专属商业养老保险长期稳健发展。

（三）七部门联合发文加强预收费监管,防范化解养老行业非法金融风险

一直以来,多数养老机构普遍存在运营资金、业务拓展资金、项目建设资金不足,银行融资受限,且难以按照市场化要求开展股权融资等,这些瓶颈问题长期束缚着养老企业的发展。近年来,随着改善型养老需求日益旺盛、"房住不炒"政策对房地产业的影响日渐显现,越来越多的社会化投资逐渐涌入养老市场,捞一把的"赚热钱"效应扰动着专注于养老照护服务的养老机构的发展。各类新旧养老机构为了抢市场、抢客户,或者为了满足投资者尽快获取投资回报的需要,也或者为了缓解设施建设资金不足、纾解运营压力,纷纷采取预收养老服务费、押金和会员费等形式运营。行业内各种动机充斥,其结果是收了钱还在老老实实搞服务的养老机构面临着无序的竞争,"赚热钱"的机构耐不住性子搞服务出现挪用资金进而"暴雷""跑路",还有一些不法分子借着养老服务非法集资甚至诈骗,严重损害老年人合法权益,造成了极坏的社会影响,且严重扰乱了养老服务市场秩序。

2024 年 4 月,民政部、国家发展改革委、公安部、财政部、中国人民银行、市场监管总局、金融监管总局联合发布《关于加强养老机构预收费监管的指导意见》(民发〔2024〕19 号),要求各地、各部门加强养老机构预收费监管,到 2025 年前,建立健全跨部门养老机构预收费监管工作机制,切实把该管的管好、管到位。该意见自 2024 年 10 月 1 日起施行,有效期5 年。

该意见将养老机构预收的费用主要分为养老服务费、押金和会员费。

养老服务费是指床位费、照料护理费、餐费等费用。该意见鼓励养老机构采用当月收取费用的方式,向老年人提供服务。预收养老服务费的预收周期最长不得超过 12 个月。

押金是指为老年人就医等应急需要、偿还拖欠费用、赔偿财物损失等

作担保的费用。该意见规定对单个老年人收取的押金最多不得超过该老年人月床位费的 12 倍。押金除办理退费、支付突发情况下老年人就医费用、抵扣老年人拖欠的养老服务费或者应当支付给养老机构的违约金、赔偿金等情形外,不得使用。

会员费是指养老机构以"会员卡""贵宾卡"等形式收取的,用于老年人获得服务资格、使用设施设备、享受服务优惠等的费用。该意见规定,对养老机构为弥补设施建设资金不足、收取会员费的,省级民政部门可以按照包容审慎监管原则,明确会员费最高额度等限制性要求。养老机构须确保交费的老年人总数不得超出其备案床位总数,预收费用总额不得超出其固定资产净额。

该意见还规定采用预收费方式的,养老机构应当在服务场所、门户网站等显著位置公示预收费项目、标准等信息,并向负责监管的民政部门报送;预收的押金、会员费,应当采取商业银行第三方存管和风险保证金等方式管理,确保资金安全。

在退费方面,该意见要求对符合服务协议约定退费条件的预收费用,养老机构应当按照约定及时退费,不得拒绝、拖延。养老机构因停业、歇业等原因暂停、终止服务的,应当提前 30 日在其服务场所、门户网站等醒目位置发布经营状况变化提醒,及时退还剩余费用,妥善解决后续服务问题。

可以看出,七部门联合发布的这一文件有几个显著特点:

一是从行业主管部门到市场及金融管理部门、再到公安部门,可能涉及的防范非法金融的部门都参与了,多部门联动、多角度监管。

二是肯定了养老机构采取预收费方式运营对缓解设施建设资金不足的作用,明确了包容审慎监管原则,坚持实事求是、务实高效。

三是从养老机构预收费的收取、管理、使用、退费等各方面都提出了监管指导意见,坚持安全发展、守牢底线。

可以预见,随着各地方政府落实该意见的相应操作性政策的出台,将在规范引导养老机构健康发展、防范化解非法金融活动风险、保障老年人合法权益、维护公平竞争的养老服务市场秩序方面前进一大步,也将吸引更多的社会资金投入养老服务及相关行业建设。该意见对促进新时代养老服务高质量发展具有重要意义。

五、政策持续加码科技创新应用,智慧健康养老生态日渐完善

持续推进智慧养老、科技养老是我国践行积极应对人口老龄化战略的重要举措。2024 年度,按照《"十四五"国家老龄事业发展和养老服务体系规划》(国发〔2021〕35 号)的方向指引以及《智慧健康养老产业发展行动计划(2021—2025 年)》(工信部联电子〔2021〕154 号)的部署安排,国家层面接续出台或发布了一系列与科技养老、智慧养老相关的推广应用方面的政策举措。持续有效的政策推动使科技在养老服务领域的渗透更加全面而深入,养老产业涌现出越来越多智慧养老的新场景、新业态,科技创新正在成为供给引导需求、推动银发经济走向高质量发展最重要的推手。

在强化老年产品创新方面。2023 年 11 月,根据《工业和信息化部办公厅关于组织开展 2023 年老年用品产品推广目录申报工作的通知》(工信厅消费函〔2023〕95 号),经企业自愿申报、省级工业和信息化主管部门及行业组织推荐、专家评审、面向社会公示等程序,发布《工业和信息化部关于公布〈2023 年老年用品产品推广目录〉的通告》(工信部消费函〔2023〕275 号),再次向全社会公告了一批老年人用品产品推广目录,主要聚焦老年服装服饰、陪护机器人、智能监测仪、多功能护理床等 263 个优质产品。

在推动数字技术适老化方面。为更好满足老年人日益增长的数字生活和信息服务需求,推动数字技术适老化由"从无到有"向"从有到优"迈

进,2023年12月印发实施了《工业和信息化部关于印发〈促进数字技术适老化高质量发展工作方案〉的通知》(工信部信管〔2023〕251号),明确提出"四大"重点任务,包括加强数字技术适老化领域标准化建设、提升数字技术适老化产品服务供给质量、优化数字技术适老化服务用户体验和促进数字技术适老化产业高质量发展。

在打造智慧健康养老新业态方面。2024年1月,根据《工业和信息化部办公厅 民政部办公厅 国家卫生健康委员会办公厅关于开展2023年智慧健康养老应用试点示范遴选及2017—2019年(前三批)试点示范复核工作的通知》(工信厅联电子函〔2023〕265号),经各地主管部门和有关中央企业推荐、专家评审和网上公示,发布《关于公布2023年智慧健康养老应用试点示范名单和2017—2019年(前三批)智慧健康养老应用试点示范通过复核名单的通告》(工信部联电子函〔2023〕382号),向社会公告了2017—2019年前三批智慧健康养老应用试点示范单位。重点面向互联网＋医疗健康、智慧养老院、智慧社区等场景,前三批共创建了78家示范企业、131个示范街道(乡镇)和33个示范基地。

在做强智慧健康养老系统平台方面。为了实现全国基本养老服务信息跨层级互联互通,加强横向整合共享和开发利用,促进养老服务供需精准对接,2024年1月发布了《民政部 国家数据局关于组织开展基本养老服务综合平台试点的通知》(民函〔2024〕5号),要求开展基本养老服务综合平台试点,试点目标为推动"养老服务＋监管＋资源调度""医、养、康、护"等业务一体化,实现"养老服务供需精准对接和养老服务行为全流程智慧监管,提升基本养老服务便利化、精准化、数字化水平"。

主要试点任务包括:

◎ **纵向联通**:应用统一的标准规范开展基本养老服务综合平台试点,实现全国基本养老服务信息跨层级互联互通。

◎ **横向整合共享利用**:加强与相关部门信息数据库的整合共享和开发利用,形成养老服务基本数据集、老年人基本信息数据集、老年人健康档案基本数据集等,形成"数据采集—信息分析—政策完善"的闭环,促进养老服务供需精准对接,结合实际运用北斗系统、人工智能等智能化、数字化手段为有需求的老年人精准提供基本养老服务。

◎ **丰富和创新数据应用场景**:推动实现养老服务线上线下标准统一、全面融合,打造掌上办事、一网通办、多卡合一、免申即享等服务新模式。

◎ **统一规划、统一管理**:依托国家数据共享交换平台和国家"互联网＋监管"系统,强化统一规划、统一架构、统一管理,实现跨地区互通互认、信息一站式查询和综合监管一网统管。

试点时间为两年,计划分三阶段推进。第一阶段于 2024 年 5 月 31 日前已截止,天津市、黑龙江省、上海市、浙江省、江西省、山东省、重庆市、宁夏回族自治区等 48 个地市已经开展试点。第二阶段于 2024 年 12 月 31 日前,以提升基本养老服务信息化水平为重点,统一归集基本养老服务对象、服务需求、服务供给、行业监管等信息,基本养老服务便利化、精准化、数字化水平得到明显提升。第三阶段于 2025 年 12 月 31 日前,以全面提升养老服务信息化水平为重点,探索建立老年人高频服务清单管理机制和"一次办""一站办""一网办"工作机制,利用大数据、人工智能、区块链等新技术分析预判老年人服务需求,推动实现养老服务供需精准对接,形成可复制、可推广的经验做法。

在推动银发经济高质量发展方面。2024 年 1 月发布了国务院办公厅《关于发展银发经济增进老年人福祉的意见》,提出:

◎ **开展高标准领航行动**。在养老服务、文化和旅游、老年用品、适老化改造、智能技术应用等领域开展标准化试点,对自主研发、技术领先、市场认可的产品,优先纳入升级和创新消费品指南。

◎ **加强科技创新应用**。围绕康复辅助器具、智慧健康养老等重点领域,谋划一批前瞻性、战略性科技攻关项目。

◎ **健全数据要素支撑。**建立银发经济领域数据有序开放和合理开发利用机制,统筹政务和社会数据资源,加强国家层面养老相关数据共享,推动数据要素赋能产业发展。

随着政策的推动和技术的进步,相信在不久的将来,智慧养老、科技养老将为老年人提供更加优质、高效的服务,助力实现养老服务全面提质增效。

六、补齐农村养老服务短板,提高服务资源利用效率

我国是世界上人口老龄化发展速度最快的国家之一,具有总量多、速度快、应对难等显著特征。根据第七次全国人口普查统计数据,我国老龄化水平城乡差异较大。从全国看,农村 60 岁及以上老年人的比重为23.81%,比城镇高出 7.99 个百分点。第五次中国城乡老年人生活状况抽样调查数据显示,农村老年人在年龄结构、空巢率、健康状况等方面的指标均较城镇更加严峻,在经济收入水平和养老服务费用承受能力等方面均与城镇有较大差距,许多地方村庄空心化、农民老龄化、老年农民工返乡现象比较突出,城乡老龄化差距正在不断拉大,农村老龄化程度更高、形势更紧迫。目前,我国农村共有 1.6 万个敬老院、168.1 万张床位。农村互助养老服务设施约 14.5 万个,但由于老人居住分散,养老服务便利性、可及性还有待提高。

2020 年 11 月,民政部在江西省南昌市召开全国农村养老服务推进会议,部署加强农村养老服务体系建设的工作。2021 年全国人大将农村养老服务列入重点督办建议。2022 年中央一号文件强调"分类落实村医养老保障、医保等社会保障待遇",2023 年中央一号文件强调"推广日间照料、互助养老、探访关爱、老年食堂等养老服务",2024 年的中央一号文件明确提出"健全农村养老服务体系"。2024 年 5 月发布的《关于加快发

展农村养老服务的指导意见》(民发〔2024〕20 号)首次在全国层面专门对发展农村养老服务作了总体性、系统性部署。

根据该意见,农村养老服务的发展愿景是"建成更加完善的县域统筹、城乡协调、符合乡情的农村养老服务体系"。工作目标设定是递进的,第一步是到 2025 年,农村养老服务网络进一步健全,每个县(市、区、旗)至少建有一所以失能照护为主的县级特困人员供养服务机构,省域内总体乡镇层面区域养老服务中心服务覆盖率不低于 60%,互助养老因地制宜持续推进,失能照护、医康养结合、助餐、探访关爱、学习娱乐等突出服务需求得到有效满足;第二步是再经过一段时间的努力,农村养老服务体系更加完善,农村老年人的获得感、幸福感、安全感不断提升。

要达成以上目标,该意见指出,要"坚持以人民为中心的发展思想",从农村老年人的需求出发,"力争不出村、不离乡解决农村养老问题"。参与主体既有政府,又有社会力量、集体组织,也离不开家庭,责任分工是清晰的,也就是"政府引导、社会参与、集体互助、家庭尽责"。要做到"县域统筹、城乡协调",关键是要创新农村养老服务发展体制机制,统筹、协调归集到一点,就是要提高养老服务资源利用的效率,并为此需要增强农村养老服务发展的内生动力。考虑到我国农村是熟人社会,人际关系较为紧密,村民们互助互惠关系深厚,因此发挥"近邻"和"熟人"优势,推进老有所养和老有所为相结合,实现集体自助,已经被实践证明是可行的途径。

该意见在如何强化农村基本养老服务供给、补齐农村养老服务短板、提高农村养老服务质量、满足农村老年人服务需求等方面提出了具体要求。

(一)合理规划、统筹建设养老服务设施

将农村养老服务纳入经济社会发展规划统筹推进,统筹安排农村养老服务设施空间布局,将农村养老服务设施纳入乡镇级国土空间规划或

村庄规划，支持并规范农村养老服务设施建设。围绕老年人周边建设施、促服务。

乡镇（街道）区域养老服务中心原址改造升级项目不调整规划用途，不额外占用建设指标。基础设施设备老化、消防设施不达标、入住率低且不具备整改条件的，应因地制宜进行撤并。

增加村级养老服务点。将村级邻里互助点、农村幸福院等互助养老服务设施建设纳入村庄规划。鼓励农村集体经济组织及其成员盘活利用闲置农房和闲置宅基地，支持村民利用自有住宅或租赁场地举办养老服务机构。

加强闲置农村公共服务设施综合利用，优先改建为养老机构、老年食堂、村级邻里互助点、农村幸福院、老年大学学习点等农村养老服务场所。支持有条件的地区盘活供销合作社闲置低效资产，参与发展农村养老服务。符合国土空间规划和用途管制要求、依法取得的集体经营性建设用地，土地所有权人可以依法通过出让、出租、合作等方式建设养老服务设施。

（二）增强县、乡、村三级养老服务网络功能

在县级层面，拓展提升县域养老机构服务功能。一是拓展特困人员供养服务机构功能，设置失能照护专区或认知障碍照护专区，增设护理型床位。充分发挥县级特困人员供养服务机构的辐射带动作用，积极拓展资源统筹、实训示范、技术指导等功能。二是引导提升县域养老机构资源使用效能，统筹优化整合公办养老机构资源，进一步提升辖区内公办养老机构运营效率，逐步将集中供养特困人员根据意愿安置到服务质量好、运营效率高的供养服务设施（敬老院）。三是支持县域公办养老机构或其他管理服务水平高的民办养老机构、区域养老服务中心、村级邻里互助点、农村幸福院等依法组成服务联合体，连锁化、品牌化、集约化运营。

在乡镇层面，推进乡镇（街道）区域养老服务中心服务功能转型。推

进具备条件的养老机构转型,建设成为具有协调指导、全日托养、日间照料、居家上门、服务转介等功能的区域养老服务中心。改革乡镇特困人员供养服务设施(敬老院)和区域养老服务中心运行机制,在满足特困人员集中供养需求的基础上,向社会老年人提供服务。

在村级层面,全面改善提升村级养老服务功能。建立政府扶持引导、村集体组织建设、老年人自愿入住相互帮扶、社会广泛支持的可持续发展模式。探索邻里互助、多户搭伙、结对帮扶等模式灵活的助餐服务模式。开展农村无障碍环境建设,实施家庭适老化改造。推动养教结合,鼓励建设老年教育学习点。开展农村文化活动,提高老年人健康生活素养。建立探访关爱和应急救援服务机制,加强公共服务(如农村寄递物流)适老化建设,提升农村养老服务可及性。

(三)解决制约农村养老服务质量提升的难点堵点问题

加强服务安全监管。强化农村养老机构安全生产和消防安全主体责任,加强内部管理规章制度建设。鼓励利用信息技术加强质量安全监管。

推进医养康养相结合。做实乡镇医疗机构与农村养老服务机构签约合作机制,建立就医绿色通道。支持医生上门提供健康监测、医疗护理、康复指导等服务。

提高易地扶贫搬迁安置点养老服务水平。合理设置安置点养老服务设施,与迁入地区公共服务设施一体规划、一体建设。加强迁入地养老服务人员队伍建设。

(四)调动引导多方力量参与农村养老服务发展

发挥党组织作用,调动包括农民、村集体等多层级的主体力量,激活其发展的自主性,并引导社会力量积极参与。

发挥农村基层党组织作用。落实政府投放的养老服务资源。组织党员、干部参与农村养老服务工作。支持村民委员会参与做好分散供养特困老年人基本生活保障和照料服务,组织开展互助养老,督促赡养(扶养)人履行义务。

激发村集体和村民发展养老服务内生动力。有条件的村可将集体经营收益用于发展养老服务。依法以入股、联营等方式建设养老服务设施。鼓励利用闲置农房和闲置宅基地用于养老服务。支持村民举办养老服务机构,鼓励成立农村养老互助服务队,参加技能培训的,按规定给予职业培训补贴。

支持各类社会力量投资发展农村养老,优先提供便捷可及、价格可承受、质量有保障的普惠养老服务。探索建立养老志愿服务激励与评价机制,推广"积分超市""志愿＋信用"等模式。培育扶持以农村养老服务为主的基层公益性、服务性、互助性社会组织。

(鲁文文　张国安　邱绍华)

黑龙江省旅居康养产业政策解读

一、立足省情，系统谋划，创建"全国北方夏季健康养老基地"

黑龙江省面临人口持续减少和"中度老龄化"的双重压力。2010—2023 年，黑龙江省常住人口连续 11 年负增长，从 3 833 万逐渐下降到了 3 062 万，少了将近 20%。根据 2020 年第七次全国人口普查数据，黑龙江省 60 岁以上人口占比为 23.22%，65 岁以上人口占比为 15.61%，比全国水平分别高 4.5 个百分点和 2.1 个百分点。按照国际通用划分标准，黑龙江省人口已进入"中度老龄化"阶段。

黑龙江省是我国纬度最高的省份，夏季平均气温 20℃，昼夜温差大，有"天然空调"之称，而且湿度适中，被公认为消夏纳凉、休闲度假、养生养老的避暑胜地。

中国共产党黑龙江省委员会、黑龙江省人民政府（以下简称省委、省政府）立足省情，在打造龙头产业带动经济社会转型的理念引领下，出台了促进大旅游、大康养、大生态发展的一系列规划政策，从国土空间规划、用地保障、整合资源、产品开发、医养结合、联盟合作、商贸促进、财政资金补助、税费优惠、人才队伍建设等方面，为旅居康养产业发展提供了政策支撑，全省动员，推动创建"全国北方夏季健康养老基地"。

◎ 2015 年，省政府工作报告指出，黑龙江省夏季主推生态化突破优势,发展避暑休闲游、养生度假游、医疗健康游和极地边境游。2015 年在首届中国(国际)冰雪旅游峰会上,省级领导重点强调黑龙江是生态大省,长期生态化的积累为引入外部需求发展旅游产业、养老健康产业以及林下经济创造了很好的条件。

◎《黑龙江省"十三五"规划》(黑政发〔2016〕13 号)首次提出创建"全国北方夏季健康养老基地"。

依托生态、医疗和绿色食品等供给保障能力,利用夏季气候优势,完善养老设施和专项服务,推动健康养老和旅游等产业融合发展,创建全国北方夏季健康养老基地。积极发展"候鸟式"养老等新业态,开发系列集慢性病防治、观光度假、绿色食品配餐于一体的健康养老产品。整合养老、旅游、医疗康复等公共服务资源,壮大夏季养老服务联盟,发展跨省、跨地区合作经营,建立"候鸟式"养老置换服务合作机制。

◎ 黑龙江省养老服务业发展推进会暨 2016 年全省民政工作会议提出大力推进候鸟式养老,积极创建全国北方夏季健康养老基地。

举办适老型绿色有机食品小型"绿博会";推介精准化旅游养老线路;通过贸促会的沟通,动员推介目标城市相关企业和有意向投资养老服务业的产业界人士到黑龙江投资兴业;开发一批全国知名的"龙字号"老年食品用品,共同汇成享誉国内外的"龙江养老"品牌;借助接壤俄罗斯、邻近日本的优势,积极发展国际化养老服务业。

◎《黑龙江省老龄事业发展"十三五"规划》(黑政办发〔2016〕121 号)提出"实施农村'绿色养老'工程""实施'老年教育场所'建设工程""创建全国北方夏季健康养老基地"等多个专项工程,推进候鸟式养老、养生度假、健康养老等养老服务业发展,开发一系列慢性病防治、观光度假、绿色食品配餐为一体的养老产品,运用互联网、物联网、大数据、云计算和空间信息等科技手段,实现智能养老、智能管理。

◎《黑龙江省旅游业"十三五"发展规划》（黑旅规发〔2018〕3 号）提出做足康养旅游产品。

　　发挥省内中医、中药等资源优势，鼓励医疗单位、健康服务企业参与旅游项目开发，推出"中医养生""食疗养生""生态养生"等功能性养生产品。推进伊春市、五大连池风景区 2 个国家中医药健康旅游示范区和中国北药园国家中医药健康旅游示范基地等13 个国家中医药旅游示范基地创建工作。着力打造 10 个"南病北治"中医药旅游示范基地。重点开发老年养生旅居市场，为老年人打造"定制旅居"产品。

黑龙江省利用天赋资源优势，推动候鸟式养老产业发展，积极打造"夏季养老胜地"，使"夏季养老在龙江"品牌逐步走向大江南北，推进候鸟旅居式养老逐渐形成产业规模。

二、联盟合作，拓宽市场，为候鸟老人提供高品质旅居体验

2015 年 3 月 28 日，由黑龙江省民政厅、省老龄办、省老年协会主办的天鹅颐养联盟成立大会暨启动仪式在哈尔滨举行。

天鹅颐养联盟由从事养老服务的企业、机构、社团等组成。该联盟是由黑龙江省委、省政府根据养老市场需要和床位供给实际，结合黑龙江历史、地理、民俗等特点做活养老市场而提出的战略新思路。其主要职能是探索异地养老产业政府扶持、社会兴办、市场推动的发展之路，主要负责联盟养老服务机构之间的对接服务，省内与联盟省份的旅行社对接服务，组织候鸟老人到黑龙江养老养生、旅游健身、休闲度假，联盟内养老机构与旅行社的对接服务。

该联盟每年赴全国重点省市举办健康、养老、旅游和绿色食品宣传推

介,引导、促进旅游康养产业发展。2015—2018 年该联盟共赴 12 个省和直辖市举办了 20 场龙江"候鸟"旅居养老招商推介会、44 场龙江旅居康养宣传推介活动,使"夏季养老在龙江"品牌走向了大江南北。2017 年和 2018 年黑龙江省分别吸引 200 万候鸟老人,其中 2017 年带动消费 143 亿元人民币。

为了全方位提升旅居康养宣传推介,2018 年 6 月黑龙江省政府倡议成立了天鹅颐养经济走廊城市合作机制。由伊春市联合"大小兴安岭城市圈+哈尔滨市",与南京市、武汉市、中山市、茂名市等 18 个城市签订战略合作协议,共同致力于天鹅颐养老人体验自然、和谐、舒适、安宁的康养享受;致力于合作城市间养老资源共享、养老资金互流、养老产业互促;致力于合作城市间城市建设、生态环境、民风民俗等健康旅居养老产业链的打造。

这些宣传推介、政策倡议在相关养老产业政策的加持下,构成了旅居康养产业发展更为完善的支撑体系。

◎《关于推进养老服务发展的实施意见》(黑政办规〔2020〕8 号)提出:加强省内外旅游康养资源协同合作,健全旅居康复服务标准规范,丰富老年旅游产品和线路,提升服务品质。

◎《黑龙江省养老服务业"十四五"发展规划》(黑民规〔2021〕14 号)提出:深化省内外旅游康养资源协同合作,加快培育休闲旅游、异地旅居等健康养老产业,拓展康复理疗、休闲养生等服务功能,打造特色鲜明、具有国际水准的旅游度假养老养生目的地。

天鹅颐养联盟推出了"康养旅居服务平台""天鹅颐养学院""特色产品展示平台""养老产业集采平台""老年文体活动平台"等服务项目,形成了立体化、多维度的养老产业服务矩阵。天鹅颐养联盟通过三种方式让南北的老年人享受高质量的候鸟式旅居养老生活:

(1)点对点的服务。异地养老机构之间签约,为老年人提供置换式"点对点"服务;如外省的养老机构可以和黑龙江的养老机构进行资源对接,成为联盟伙伴,外省的老年人可以直接住进联盟的养老机构,黑龙江所有养老机构都设立特色的候鸟养老服务,包括饮食、保健、医疗、文体活动及小旅游等服务。

(2)点对面的服务。通过天鹅颐养联盟电子商务平台,由老年人自主选择到省内养老机构旅居;老年人可以通过黑龙江推出的"老爸老妈网"报名选择机构,了解黑龙江各地养老机构的软硬件设施、特色养老服务,可网上查询医疗机构、旅游路线等相关的养老产品。

(3)面对面的服务。由异地旅行社联动,组织社会老人到黑龙江省旅居,老人可以短时间内到黑龙江走一走、看一看;省旅游部门针对旅居养老特别推出 7 条旅行线路,适合候鸟老人"慢"游,老人只需通过当地旅行社即可联系到黑龙江相应的服务机构。如果这些方式还不足以满足老人的需求,老人还可以和天鹅颐养联盟联系,联盟服务单位会根据客户需求,提供个性化的定制服务。

成立"黑龙江天鹅颐养联盟",建立 30 多个省内外城市参与的天鹅颐养经济走廊城市合作机制,持续开展养老项目招商推介,在哈尔滨、伊春、黑河、牡丹江、大庆等地举办天鹅年会,先后与海南、广东等 14 个省份的126 个城市和 28 个省、市级养老行业协会签订"南来北往、寒来暑往"旅居康养合作伙伴框架协议……黑龙江省在旅居康养产业发展上,十年磨剑终见成效,仅 2023 年就吸引全国 800 多万老年人到黑龙江旅居康养,"夏季养老在龙江"品牌享誉全国,充分带动了黑龙江省养老服务业及区域经济发展。

三、异地养老,特色发展,以旅游康养推进省域服务业振兴

黑龙江省充分发挥旅游、康养的独特资源优势,多产融合与特色化发展相结合,顶层设计与实践创新相结合,探索出了"天鹅颐养联盟＋天鹅

颐养经济走廊城市合作机制"这条异地养老的可持续发展路径。

这条路径的成功探索与相关政策规划的制定落实密不可分。这些政策规划主要有:《关于推进养老服务发展的实施意见》《黑龙江省养老服务业"十四五"发展规划》《黑龙江省"十四五"文化和旅游发展规划》(黑文旅发〔2021〕58 号)《黑龙江省"十四五"中医药发展规划》(黑政办规〔2021〕42 号)等。

两个"相结合"很好地解决了以下三个问题:

(1)在社会化养老服务体系方面,不断完善"制度、市场、标准、监管"四大体系,利用数字化技术创设"养老大脑＋智慧养老"应用场景,有效解决了黑龙江省内养老服务领域资源配置、供需匹配、主体竞争力不公平等问题。

(2)将养老产业与区域核心竞争力关联起来,针对黑龙江省内城市收缩、人口空心、人才外流的现状,先后出台一系列人才导入机制,以养老人才培养为突破口,加强与各地市高校对接,通过提供有吸引力的事业编制,有效解决了基层政府养老管理人才缺失问题。

(3)以创新思维构建"一体化养老"新格局,为养老服务企业搭建服务平台,实现了"养老事业"与"养老产业"相辅相成、相互促进,在完善公共养老事业的基础上,构建完善的养老服务体系、保障老年人群体不同层次的需求,激发了养老服务业的活力。

近年来,黑龙江省积极、客观地应对人口老龄化的机遇与挑战,绘制养老产业拓扑图,建立统计指标体系,着力打造健康监测、康复辅具、护理设备、智慧助老等本土化适老用品制造产业链,建成适老化辅具商城、政府采购电子卖场两大平台,吸引 100 余家企业入驻、1 000 余种产品线上线下销售,以"吃住行游购娱"拉动养老服务消费提质扩容,加快开辟旅居康养新赛道,助力银发经济加快发展。黑龙江省从 2017 年吸引全国超过200 万候鸟老人到 2023 年超过 800 万,2024 年吸引近千万候鸟老人,说明其旅居康养产业发展取得了巨大的成功。

展望未来,旅游康养产业在黑龙江省产业振兴蓝图中仍处于核心地位。为了促进该产业长期可持续发展,黑龙江省政府成立养老服务业发展专班,发挥政府规划引导作用,将养老服务业纳入构建黑龙江省"4567"现代化产业体系重点领域,制定专项行动方案,强化模式创新、业态创新、产品创新,推进生产性服务业向专业化高端化延伸、生活性服务业向高品质多样化升级,释放养老服务业发展新活力。黑龙江省延伸到 2026 年并影响旅游康养产业发展的政策规划主要有:《黑龙江省产业振兴行动计划(2022—2026 年)》(黑政发〔2022〕15 号)、《黑龙江省养老托育服务业发展专项行动方案》(2022—2026 年)、《黑龙江省康养旅游高质量发展行动方案》(2022—2026 年)、《黑龙江省旅游业高质量发展规划》(黑政发〔2023〕14 号)、《黑龙江省大力发展特色文化旅游实施方案》(2023—2025 年)等。

黑龙江省坚持"大旅游、大康养、大生态"的核心发展定位,探索出了旅居康养业态融合、候鸟式养老的产业可持续发展之路。在生态康养产业得以集聚集群式发展、生态产品价值得以加速转换的产业条件下,黑龙江省将有充足的底气和充分的实力,来应对人口减少和老龄化加深的双重压力,进而使得本省的养老服务业在"适老化、体系化、'放管服'、内循环、高质量"等方面取得持续的发展和突破。

(魏松涛)

吉林省康养机构与载体发展政策解读

一、出台养老机构与载体发展扶持政策，打造吉林养老福地

据统计，自第六次全国人口普查以来，吉林省的人口老龄化进程不断加快，目前已进入中度老龄化社会。2010 年吉林省 60 岁及以上人口占比为 13.21%，2020 年占比为 23.06%，比 2010 年增加了 9.85 个百分点；2023 年占比为 26.79%，较 2020 年又增加了 3.73 个百分点。在日益严峻的人口老龄化形势下，吉林省本着"保基本、广覆盖、可持续"的原则，想方设法增加养老服务供给，加快养老服务机构建设，持续推动养老机构提质升级，打造养老服务产业集中区，取得了显著成效。

◎ 发布《关于加快推进养老服务业发展的意见》（吉政发〔2012〕4号），提出加大养老机构建设改造力度。

◎ 发布《关于全面放开养老服务市场提升养老服务质量的实施意见》（吉政办发〔2017〕87号），提出培育养老服务龙头企业。

◎ 发布《吉林省老龄事业发展和养老体系建设"十三五"规划》（吉政办发〔2017〕73号），提出全面实施"十大计划"，打造吉林养老福地。

允许养老机构依法依规设立多个服务网点，实现规模化、连锁化、品牌化运营。大力发展养老服务企业，鼓励连锁化经营、集

团化发展,实施品牌战略,加快形成一批产业链长、覆盖领域广、带动性强、经济社会效益显著的养老服务产业集中区。充分利用国家对特色小镇的支持,积极规划和建设具有吉林特色的养老小镇。

充分发挥区域资源优势,打造养老服务产业聚集区。重点建设"长春净月休闲养老园区""长春莲花山养老园区""长春颐乐老年康复园区""万昌温泉保健养老园区""延边民族风情养老园区""长白山养老园区""抚松休闲养老园区""通化生态养生园""双阳养生园区"等特色园区,打造吉林养老福地。

◎ 发布《吉林省扩大开放 100 条政策措施》(吉办发〔2019〕1 号),落实营利性养老机构与非营利性养老机构享受同等补贴政策,非本省投资者举办的养老服务项目与本省投资者享受同等政策待遇。

◎《关于推进养老产业加快发展的实施意见》(吉政办发〔2022〕25号)和《吉林省老龄事业发展和养老服务体系"十四五"规划的通知》(吉政发〔2022〕12 号)提出实施龙头企业培育工程,支持养老产业做大做强。

大力推广"仁大医养""通化好帮""天瑞英杰"等服务经验,复制运营模式,带动更多企业快速成长。扶持发展一批带动力强、影响力大、管理运营好的养老机构和养老服务企业,在全省开展养老服务品牌培育工作,发挥品牌引领作用。支持养老机构、养老服务企业和社会组织组建产业联盟,促进跨区域联合和资源共享,形成一批产业链长、覆盖领域广、经济社会效益显著的产业集群。

◎ 印发《吉林省为老年人办实事清单》(吉政发〔2023〕4 号),统筹归集了 23 项内容,十个省直属部门牵头落实。

近年来,吉林省加快了建设居家社区机构和互助养老相协调、医养康养文养相结合的养老服务体系,通过综合运用规划、土地、住房、财政等支持政策,深入推进养老机构公建民营、民办公助等改革,吸引社会力量投资养老产业,养老机构与载体建设初见成效。目前,全省现已建成各类养老机构1 597家,总床位超过14.62万张,其中护理型床位达8.82万张,约占床位总数的60.33%;整合机构、社区和居家养老资源,建成综合嵌入式社区居家养老服务中心156个。在相关政策的推动下,省内有实力的企业开始向养老行业挺进,长春国信集团投资建设奢岭养老小镇,现已运营5家连锁化养老机构;金豆投资控股集团分期建成怡康园养老院项目;太平人寿与吉林国色天莲文化产业集团联手建设的"国色天莲·康养度假小镇",成为吉林省首个养老社区。

二、推广"仁大医养"养老服务模式,培育优质养老服务品牌

长春仁大养老服务有限公司成立于2016年,属于中投盛世(北京)投资管理有限公司旗下企业。该公司依托二级机构仁大医院的技术、设备和团队,融医疗、护理、养老、康复于一体,打造"四结合"——文养结合、康养结合、医养结合、智养结合;坚持"两服务"——生活照护服务、智能养老服务;实现"四保障"——老年慢性病、心脑血管类病的保障,康复类疾病的保障,健康管理中心、亚健康状态的保障,医疗广场和医疗超市的保障。

该公司积极响应"一刻钟"养老服务圈打造,发展嵌入式养老社区和家庭养老床位,将养老机构与社区有机融合在一起。"医养结合、嵌入社区、智慧赋能、按需服务"的"仁大医养"服务模式获得了地方政府和老年人的认可,破解了养老服务"最后一公里"难题,为各地养老产业发展提供借鉴。

◎ 2022年,省民政厅会同相关厅局联合发布《关于印发〈推广"仁大医养"养老服务模式实施方案〉的通知》(吉民发〔2022〕1号)。

工作目标。以推广"仁大医养"养老服务模式为切入点,鼓励

支持社会力量参与养老服务,打造标准化、专业化、特色化机构养老服务品牌。

主要任务。在全省推广"仁大医养"医养结合、嵌入社区、智慧赋能、按需服务的养老服务模式,扶持培育一批全能型养老机构;新建完善一批社区养老综合服务中心;拓展提升一批社区老年人日间照料中心;扶持发展一批养老服务龙头企业,增强我省养老服务的竞争力、吸引力。

工作举措。建立工作专班推进机制;开展养老产业调研;推进"1+X"养老服务制度体系建设;落实"四个一批"工作任务。

2023年,吉林省开展全省四级、五级养老机构等级评定,评出五级养老机构6家和四级养老机构2家,其中5级养老机构除上述仁大医养外,其他5家为:

(1) 吉林省颐乐康复中心是一家集医、康、养、护、训"五位一体"的综合型公办养老机构。现为吉林省民政厅打造的开展专业护理的养老示范基地。中心设置6个内设机构:办公室、财务部、后勤保障部、医务部、护理部、养老服务部。

(2) 亲亲园养老护理康复中心是长春国信投资集团旗下的全资企业,是国内首家引进丹麦"整体照护"模式的老年照护康复机构。在引进的基础上,该中心形成了运营管理、教育培训、项目策划等递进式服务能力,现已运营5家连锁化养老机构。

(3) 长春市南关区怡康园老年公寓由金豆集团与日本木下公司合作经营,为各种老年人提供需要的长者服务。其载体空间覆盖一栋7层整体楼,楼内布局分自理区、护理区和公共区域。2016年8月,该老年公寓取得医疗机构执业许可证,在二楼建有医务室。

(4) 宽城区祥祉圆养老院为吉林省博远养老产业开发有限公司投资运营,目前为东北三省规模最大的四合院式的CCRC康养产业综合体之一。机构集养老、养生、医疗、康复、心理、娱乐等养老服务于一体。

(5) 长春净月颐康医养中心是集医疗、康复、养老和护理四位一体的民营专业养老机构。怡养楼为健康老人提供自理型养老服务，医养楼提供护理型养老和医疗服务，颐养楼为高端颐养会所。中心独享绿地公园，靠近净月潭国家森林公园。

在政策加持及可持续养老服务模式的有效推广下，吉林省养老服务企业自主造血能力明显增强，医、康、养、护一体化载体建设成效明显，具有示范带动效应的养老服务机构逐步走上了品牌化、规模化和连锁化的健康发展之路。

三、从医养结合到新康养，构建吉林特色的现代养老产业体系

近年来，吉林省依托自然禀赋、产业基础和发展潜力，规划"一主六双"高质量发展战略，加快构建"464"产业新格局，聚焦新医药、新康养等新产业发展，打造大旅游产业集群。吉林省将新康养产业作为"六新产业"之一，新康养产业是在传统康养基础上，以健康生活、幸福体验为目标，细分为运动健身、健康养生、医疗服务、健康养老产业以及融合衍生产业。

◎《吉林省"十四五"医药健康产业发展规划》(吉政办发〔2021〕37号)提出新康养发展的具体举措。

打造康养产业联动区。依托长白山资源，加强地区优势旅游资源和特色养生保健资源的挖掘和整合，开辟医疗旅游、养老、康养等多样化健康服务。

促进医药健康与养老融合。为老年人提供保养身心、预防疾病、改善体质、诊疗康复等健康管理服务和医疗服务。开发智能化服务产品，提供融中医健康监测、咨询评估、养生调理、跟踪管

理和生活照护于一体的健康养老服务。

加强推进医养融合发展。统筹整合医疗卫生与养老服务资源，加快建设相互衔接、功能互补、安全方便的多元化医养结合健康服务网络体系。

◎《吉林省文化和旅游发展"十四五"规划》（吉政办发〔2021〕47号）提出新康养发展相关新举措。

实施"避暑＋医疗康养产品"建设工程：用好生态、医药、美食、温泉康养度假资源，大力发展休闲康养、避暑旅居，做"精"医药康养，创建中医药健康旅游示范基地；提升温泉旅游管理水平和服务品质，建设温泉康养集聚区，打造中国最佳康养温泉目的地；利用人参、大米、梅花鹿、林下特产、矿泉水等天然健康食材，开发高端药食同源养生食谱，塑造"吉林食养"品牌。

◎《吉林省老龄事业发展和养老服务体系"十四五"规划的通知》（吉政发〔2022〕12号）提出多项吉林特色的现代养老产业体系发展举措。

发展中医药老年健康服务。发挥中医药独特优势，开展保健养生、康复疗养、特色食疗、药疗等项目，在老年病、慢性病防治等方面发挥积极作用。

促进养老和旅游融合发展。引导各类旅游景区、度假区加强适老化建设和改造，鼓励为老年人提供减免费项目和便利服务。大力发展老年观光疗养、森林康养、养生度假、温泉保健等新业态。

支持养老机构、养老服务企业和社会组织组建产业联盟，促进跨区域联合和资源共享，形成一批产业链长、覆盖领域广、经济社会效益显著的产业集群。

◎《吉林省生态旅游发展规划（2022—2030年）》（吉文旅发〔2023〕243号）和《吉林省旅游万亿级产业攻坚行动方案（2023—2025

年)》提出了一些新康养载体的发展举措。

　　建设一批森林康养基地、绿色旅游示范基地、温泉度假区、健康旅居小镇。以项目化、工程化方式打造和提升一批森林旅游康养业态产品。各类经营主体及地方国有林场可以利用现有房产兴办住宿、餐饮等旅游接待设施。出台吉林省旅游住宿评定标准,每年评定挂牌一批"吉星"等级旅游住宿门店。

与此同时,为促进中医药健康养生政策、文化、技术及产业等方面的交流,中国长白山健康养生文化论坛 2014—2024 年已举办 11 届。吉林省 2018 年与北京市签署文旅战略合作协议后,还与广西、浙江、广东、海南、山东等 20 多个省份签订了旅居养老协议,举办旅居康养对接会,逐步形成康养吉林、幸福享老的新业态。2024 年 6 月,首届吉林省旅游发展大会在长白山举行,隆重推出了 14 场重点推介活动,旨在打造长白山世界顶级旅游目的地,带动全省旅游业高质量发展,加快培育万亿级新康养产业集群。

（魏松涛）

河北省养老产业跨域跨业发展政策解读

一、政策引领、规划先行，夯实京津冀养老协同发展政策基础

京津冀人口老龄化加深加快，催生出巨大的养老需求。在党中央推动京津冀协同发展的战略大背景下，河北省养老服务的政策法规和服务体系不断健全，养老服务范围和服务能力大幅提升，同时开始积极布局环京津健康养老产业圈，夯实京津冀康养产业协同发展的政策基础。

◎《关于加快发展养老服务业的实施意见》（冀政〔2014〕67号）提出培育养老产业集群。

　　发挥环京津区位优势，抓住京津冀协同发展机遇，鼓励建设一批功能突出、辐射面广、带动力强的集休闲养生、老年教育、老年体育、特色医疗于一体的养老服务基地和产业群，打造养老产业品牌。

◎《河北省"大健康、新医疗"产业发展规划（2016—2020年）》（冀政办字〔2016〕69号）提出构建环京津健康养老产业圈。

　　瞄准京津老年高端消费人群，按照"医、护、养、学、研"一体化新模式，构建环京津健康养老产业圈，着力打造绿色生态医疗健康和老年养护基地。

◎《河北省"十三五"老龄事业发展和养老体系建设规划》（冀政办字

〔2017〕105 号）提出助力京津冀养老服务业融合发展。

推进京津冀养老服务协同融合发展的顶层制度设计与区域合作机制建设。加强养老制度创新,合力破解跨区域养老服务方面的身份和户籍障碍,逐步缩小区域差异,促进制度体系渐进融合和基本服务均等化。开展跨区域购买养老服务试点,围绕京津冀协同发展打造互补互利的养老服务集群。

◎《河北省养老服务体系建设"十四五"规划》（冀政字〔2022〕23 号）提出科学推进康养产业发展。

构建"一环引领、两极带动、三带集聚、多点支撑"的康养产业空间发展格局,以环京津区域为引领,以石家庄、秦皇岛为主要增长极,打造燕山—坝上生态康养、太行山生态康养、沿海休闲康养三大特色产业带。依托廊坊、衡水等地特色资源优势建设特色鲜明、富有生机活力、示范效应明显的康养小镇,打造森林康养、中医药康养、智慧健康养老等高度集聚、效益突出的康养产业基地,支持生命健康、康复辅助器具等产业园区建设,有序带动全省康养产业协调发展。

◎《关于加强新时代老龄工作的若干措施》（省委省政府 2022 年 2 月 15 日）提出优化老龄产业布局。

落实《河北省康养产业发展"十四五"规划》等相关规划,以环京津区域为引领,以燕山、太行山、沿海区域产业带为依托,发展文化旅游、体育健身、生态农业、健康养老、康复辅具、中医药等特色老龄产业。建设一批智慧健康养老示范企业、园区、街道（乡镇）、基地。

为积极落实应对人口老龄化国家战略的重大部署,河北省不断夯实养老服务基础,持续完善养老产业跨域跨业发展的政策规划,为承接京津养老服务需求,疏解非首都功能,建设京畿福地、老有颐养的乐享河北打下了坚实的政策基础。

二、携手京津、乐享河北，打造老有所养、老有所乐的京畿福地

党的二十大报告再次凸显积极应对人口老龄化的国家战略，明确养老事业与养老产业要并重发展。2023年5月12日，习近平总书记在主持召开深入推进京津冀协同发展座谈会时，作出"推动京津养老项目向河北具备条件的地区延伸布局"的重要指示。自此，京津冀养老产业大协同发展，养老服务先行区、示范区建设如火如荼开展，河北省养老产业跨域跨业发展进入新阶段。

◎《关于印发加快建设京畿福地、老有颐养的乐享河北行动方案（2023—2027年）》（冀政办字〔2023〕39号）提出：

努力提升环京14县（市、区）协同养老示范效应，努力将河北打造成老有所养、老有所乐的京畿福地。

顺应需求多元化趋势，创建协同养老示范带。以满足中高端养老服务需求为目标，坚持市场主导，强化京冀合作，构建"一区（环京4市14县养老核心区）、一圈（秦唐石高铁1小时养老服务圈）、三带（燕山、太行山、沿海康养休闲产业带）"康养产业发展格局，打造京冀养老福地。

推进旅居项目建设，推进文旅康养特色小镇项目建设，推进医养项目建设，推进培训疗养机构转型项目建设等。

2023年9月，津京冀蒙联合举办2023年京津冀养老服务协同发展项目推介会，引导京津等地优质养老服务资源和项目向河北省等具备条件的地区延伸布局，携手打造养老服务现代化建设区域协同的先行区、示范区。会议发布了《关于进一步深化京津冀养老服务协同发展的行动方案》（京民养老发〔2024〕17号）《关于推进京津冀养老政策协同的若干措施》（京民养老发〔2024〕18号）和《京津冀养老服务人才培训协同工作方

案》。三项政策聚焦京津冀地区养老服务协同发展，坚持"同质同标"原则，形成"一个机制、六个协同"，即建立完善养老服务协同工作机制，加快推进京津冀地区养老项目协同、政策协同、人才协同、医养协同、区域协同、行业协同，鼓励老年人养老、享老。

根据上述政策，京津冀三地将搭建养老服务资源对接平台，定期组织京津养老机构和企业前往河北省及环京周边地区对接项目需求；打通京籍老年人失能护理补贴异地支付通道，为老年人提供支付便利；推动北京市中医医疗机构与有内设医疗机构资质的津冀养老机构协作，为入住津冀养老机构的老年人开具康养类、预防类等中医处方，并将河北环京符合条件的医养结合机构纳入远程协同服务范围，提升医养结合机构服务能力与水平。

三、康旅融合、医养结合，加速京津养老项目在河北开花结果

为吸引更多京津老年人到河北康养，河北省调研康养产业难点卡点，制定切实可行的撬动性创新政策，破除发展障碍，充分激发市场主体参与康养产业的积极性。紧盯各市县和投资企业及运营机构等需求，提升各领域全链条的支持力度，叫响"这么近，那么美，养老到河北"品牌，总结既往成功经验，借鉴外省先进经验做法，加速推动京津养老项目向河北延伸布局。

◎《河北省支持康养产业发展若干措施》（冀政办字〔2024〕30号）发布，提出：

加强与京津三甲医院的合作。统筹指导唐山、邯郸、廊坊、承德、邢台、沧州、衡水等市与京津三甲医院以合作建院或建立分院等形式，通过在当地大型康养机构建立分支医疗机构、设立老年病科等方式，尽快实现大型康养机构京津优质医疗资源全覆盖。

促进医养有机结合。支持环京津地区县级中医医院实施中医医养结合能力提升项目,对与养老机构签约合作或以其他方式开展惠老行动的给予资金支持。

促进"康养＋文旅"融合发展。加快推动国有 A 级旅游景区对 60 周岁以上老人实行免门票政策。推动景区因地制宜开发温泉、生态等康养旅游业态,丰富服务内容,提升服务水平,满足游客的多元需求。安排地方政府专项债券和文旅设备更新提升项目时,优先支持旅游景区适老化改造等基础设施建设。

加大品牌宣传推广力度。加大对我省康养产业发展区位优势、环境优势和价格优势的宣传力度,叫响"这么近,那么美,养老到河北"品牌。

2022 年以来,河北省保定市、承德市、廊坊市、秦皇岛先后与京津相关单位协调举办养老产业推介会、旅居康养养老产业发展大会、异地康养促消费活动、养老服务合作暨调研交流推进会等。这些推介会成功搭建河北省与京津两地的养老服务领域交流平台。

2022 年北大医院怀来院区正式挂牌,2023 年张家口与北京市签订《推进两地养老服务战略合作框架协议》,2024 年怀来县与北京 4 个街道分别签订异地旅居康养战略合作协议。2024 年 6 月,京津冀卫健部门共同倡议医养结合联盟,并于 8 月正式成立,推动区域医养结合事业和康养产业高质量发展。

2024 年 6 月京津冀民政事业协同发展第八次联席会议在津召开,推动养老有关标准编制、京津冀养老企业等经营主体对接合作以及京籍老年人入住京津冀三地养老机构合同网签等工作,组织三地民政部门和养老机构(企业)开展互访考察,举办第二届北京养老服务行业发展四季青论坛和第二届国际(天津)养老服务业博览会暨京津冀资源对接会。

根据《数说京津冀协同发展十年成效系列报告》的不完全统计,截至 2023 年底,河北省养老机构收住京津户籍老人近 5 000 人,到河北社区养老的京津户籍老人接近 4 万人，京津户籍老人来河北旅居养老达 59 万人次。另据统计，随着北京养老服务补贴异地支付通道开通，京籍老人在异地可以使用失能护理补贴支付床位费、护理费，截至 2024 年 9 月 10 日，入住河北、天津养老机构的北京籍老年人已达 5 264 人，其中河北有5 127 人、天津有 137 人。

（魏松涛）

山西省特色文旅康养政策解读

一、持续出台文旅康养融合发展政策，打造全国重要康养目的地

山西省有两个特别突出的禀赋特点：一是地处中纬度，海拔在1 000米以上，夏季气候整体以清凉为主；二是独具特色的自然风光与丰富的文化古迹，是康养生活的重要吸引因素。

从人口结构上看，山西省已进入中度老龄化社会。截至2023年底，山西省常住人口为3 465.99万人，60岁及以上人口达到750.07万人，占总人口的21.64%。

利用地理条件，依托文旅资源，发展康养产业，可以把山西的禀赋优势转化为发展优势，既是应对人口老龄化的可行路径，又是山西省积聚新产业优势的重要突破方向。

◎《关于加快发展养老服务业的意见》（晋政发〔2014〕16号）提出推进养老服务产业化发展。

扶持发展龙头企业，试点建设集休闲养老、旅游养老、康复护理于一体的养老基地。

◎《山西省加快推进健康服务业发展实施方案》（晋政发〔2014〕25号）提出发展健康服务业的一系列举措。

完善养老服务功能内容，探索出适合我省实际的"住、养、医、护、康五位一体"养老服务模式。制定出台符合我省实际的健康文化旅游发展规划，大力发展融养生、休闲、保健于一体的旅游文化产业，打造形成数个地域特色鲜明、发展潜力强劲、国内外有一定影响力的健康旅游品牌。

◎《关于支持社会力量发展养老服务业若干措施的通知》（晋政发〔2015〕39 号）提出探索设立健康养老园区。

由政府配套建设医疗护理和活动设施，吸引国内外社会资本和保险资金投资建设健康养老公寓，建立"住、养、医、护、康五位一体"的养老服务健康休闲园区。

◎《山西省加快发展生活性服务业促进消费结构升级的实施方案》（晋政办发〔2016〕53 号）提出文旅康养融合发展一系列举措。

推动体育运动、健身休闲、养生度假、文化创意、商务会展与旅游活动的融合发展，重点培育打造一批文化旅游特色产品、智慧文化旅游示范工程和旅游综合体。建设健康养老与康复护理、亲情探视、旅游休闲、乡村体验于一体的养老基地和特色乡镇。促进健康服务向养老领域延伸。

◎《山西省"十四五"文化旅游会展康养产业发展规划》（晋政发〔2021〕44 号）提出多层级、多组团发展文旅康养产业的空间布局和多项举措。

推动太原都市区成为全省文化、旅游、会展、康养四大产业转型升级的主阵地。推动五台山、云冈石窟、平遥古城三大世界文化遗产建设成特色鲜明、底蕴深厚、功能完善的国际知名文化旅游目的地。将长治、晋城、临汾、运城打造成国内一流文化旅游目的地，将朔州、吕梁、阳泉打造成区域级知名文化旅游目的地。打造一批文化产业、旅游休闲、会展商务、康养度假集聚区，统筹培育四大产业发展的多层级支撑体系。打造一批宜居宜游、宜业宜养的休闲农庄(园)、特色文化古村落、田园综合体、乡村民宿度假区。

◎《山西省"十四五"高品质生活建设规划》(晋政发〔2021〕46号)提出构建养老服务发展示范区。

全面打造高品质养老社区,塑造全国知名的养老服务品牌。依托黄河、长城、太行三大主题旅游板块,丰富文旅业态,延伸产业链条,推动旅游体验向"商、养、学、闲、情、奇"拓展。建设中医药特色医养结合示范基地。大力发展中医药健康旅游事业。

二、以会展平台促文旅康养,打响"康养山西、夏养山西"品牌

自2020年起,山西省已连续四年举办全国性的康养产业发展大会。历届大会都聚焦康养产业全生命周期,深挖康养产业市场需求,促进康养产业高质量发展。"中国·山西(晋城)康养产业发展大会"不仅为康养产业高质量发展提供了智力和技术支撑,也成为山西打造"康养山西、夏养山西"品牌的重要窗口。

◎《山西省"十四五"文化旅游会展康养产业发展规划》(晋政发〔2021〕44号)提出以会展促文旅康养的一系列举措。

引进和培育国际领先、国内一流的与山西省文化旅游、康养产业相关的专业性展会。举办各类消费型会展。重点在日常消费品、生活医疗、康养产业、科技产品等方面创新突破。

主动对接北京、上海、成都等知名会展城市,引进与山西省能源转型升级、文化旅游、康养等相关领域的知名品牌展会,全面提升会展的影响力。

大力培育本土会展企业,重点支持中国·山西(晋城)康养产业发展大会,提升办展专业能力,打造一批主业突出、竞争力强的

专业会展组织者、目的地管理公司以及配套服务商。

◎《山西省"十四五"文化旅游会展康养产业发展规划》（晋政发〔2021〕44 号）提出打响"康养山西、夏养山西"品牌。

打造一批特色化、精品化康养服务业集聚平台，重点促进高端医疗、健康管理、旅居养生、抱团养老、旅游度假、体育健身等领域提升发展。

聚焦发展生态避暑康养、医疗康养、文旅康养，吸引京津冀蒙康养客群，成为京津冀蒙地区避暑、医养的"后花园"。统筹推进"百村百院"康养工程高质量落地，实现异地"候鸟式"养生，叫响晋城乡村院落生态康养。

依托我省各地差异化的资源优势，在医疗服务、健康教育与管理、健康养老、生物医药、中医中药、体育健身、文化旅游、健康食品、健康大数据等产业领域内分工协作，结合地方产业特征及发展思路，形成多点支撑的产业布局。

构建特色康养产品体系。依托我省太行山高山森林及峡谷、晋北高原气候生态环境，拓展核心景区周边的避暑康养功能。结合乡村振兴战略实施，打造避暑康养乡镇（村）。优化提升温泉康养服务。试点推进森林康养。培育乡村休闲康养产业。大力推进运动康养。着力推动中医药康养。

近年来，作为联合国老龄所授予的"世界康养示范城市"和全国康养产业发展大会永久会址，晋城市和山西省民政主管部门不仅立足当地举办中国·山西（晋城）康养产业推介对接会，还走到外省市举办"康养山西、夏养山西"康养产业项目招商推介会。此外，由山西省老龄产业协会（山西省老干部局）连续十几年每年一届在太原举办老年健康产业博览会及老年艺术节，会议邀请行业专家为涉老机构和企业提供前瞻性、权威性、战略性主题论坛，安排行业企业信息发布和签约合作活动。同时，开展老年购物节和老年艺术节主题活动，让参展企业与消费者之间有更好的交流与互动。

三、用法治守护产业,久久为功推动康养产业高质量发展

在系统总结养老服务政策的基础上,山西省用法治来引领推动康养产业发展。《山西省康养产业促进条例》自 2021 年 12 月 1 日起施行,该条例的出台把山西在自然、人文和旅游方面的资源优势充分转化为康养产业的发展优势;此后,《山西省社区居家养老服务条例》也于 2023 年 1 月 1 日起施行。

◎《山西省康养产业促进条例》(晋人常〔2021〕101 号)共 23 条。

针对山西省康养产业发展突出问题,围绕康养产业发展目标,对山西省重点支持促进康养产业发展的方向及原则、政府支持促进康养产业发展的职责等做了明确规定。其中,第二条明确了康养产业定义,第三条确立了康养产业的发展原则,条例第四条至第十二条规定了县级及以上政府在养老资源的统筹整合中的职责,第十三条至第十八条就康养产业与医疗、食品、文化、旅游、机构设施、体育运动等相关产业的融合作出了规定,第十九条至第二十二条强化了康养产业经营者的行为规范。

近年来,山西省不断强化干事创业、狠抓落实的鲜明导向,通过各类各级工作行动方案或计划,用实际行动为山西全方位推动康养产业高质量发展提供保障。

◎《支持康养产业发展行动计划(2019－2021)》(晋民发〔2019〕31号)

通过立项、用地、财政、金融和税费政策等,按照"全面推进、分步实施、成熟一个落地一个"的原则,分 3 年实施康养产业重点项目,形成以大同、忻州、晋中、长治、晋城等 5 市为重点的康养产

业分布(示范)区、15 个康养小镇、15 个康养社区项目建设。

◎《山西省养老服务"431"工程实施方案》(晋民发〔2021〕26 号)

坚持养老服务"市场化、社会化、品牌化、可持续"的发展思路,"十四五"期间创建 4 个养老服务模范市、30 个养老服务模范县(区)、100 个养老服务模范机构(简称"431 工程"),按照申报、审核、评议、公示命名、动态管理进行管理。

2022 年,山西省已优选出养老服务模范市 2 个、模范县(市、区)14 个、模范机构 45 个。2023 年确定 10 个文旅康养集聚区,分别为太原晋源区、大同浑源县、阳泉盂县、长治壶关县、晋城陵川县、晋城泽州县、朔州右玉县、运城盐湖区、忻州忻府区、忻州五台山。同时,"十四五"期间,山西省强力推进社区居家养老服务"1251 工程",全面带动社区居家养老服务发展,构建政府推动、社会参与、示范引领的养老服务新发展格局。

◎《2024 年加快推进文旅康养集聚区、文旅康养示范区建设实施方案》(晋文旅发〔2024〕7 号)

提出各有关县(市、区)要对标国际国内领先的文旅康养产业集群,特色差异、集聚发展,提升文旅康养消费吸引力。打造文化特色鲜明、市场主体活跃、核心竞争力强、产业集聚程度高、具有经济支柱效应的文旅康养高质量发展集聚区,形成文旅康养完整产业链。进一步促进文旅康养产业与体育、休闲、生态观光、信息技术的融合发展。

以太原、大同、运城 3 个旅游热点门户城市为端点,各文旅康养集聚区依托资源优势,培育具有地域特色的文旅康养产业发展支撑点,开发机构嵌入式、服务式康养旅居产品,打造精品线路。

山西省主动适应经济发展新常态,积极探索文旅康养产业融合发展新思路,正推动文旅康养资源优势不断转化为产业优势和发展胜势。

(魏松涛)

湖南省养老产业投资基金政策解读

一、持续出台资本与金融政策,助推养老行业健康快速发展

湖南省与我国内陆多数省份一样,人口老龄化进程持续加快,社会养老服务需求不断增长,养老行业迎来巨大发展机遇。但同时,行业一直面临着基础设施投入不足、机构没有资本积累、经营周转滞缓、低成本资金短缺等长期存在的"老大难"问题。

湖南省在国家层面出台的养老金融服务政策的指引下,结合本省实际,较早地提出要利用多种资本来壮大养老服务业发展,并以积极开放的姿态持续出台相关"指导意见""实施意见"和"产业规划",为行业参与主体拓宽思路、保驾护航。

◎《关于加快发展养老服务业的意见》(湘政发〔2011〕19 号)提出壮大养老服务产业系列举措。

按照国家产业发展政策要求,积极引导和鼓励社会资本、工商资本、外来资本等以独资、合资合作等多种形式参与投资老年生活服务、医疗康复、教育娱乐、老年用品、休闲旅游等养老服务产业,鼓励和支持金融保险行业为养老服务业提供相关服务。

◎《关于加快推进养老服务业发展的实施意见》(湘政〔2014〕22 号)提出积极推进金融业与养老服务业互动发展。

鼓励金融机构在风险可控和商业可持续的前提下，通过信贷、股权、债权等方式投资养老服务业。支持金融保险业制定相关方案，搭建投融资平台，确保资金长期、可持续投入。

◎《关于信贷扶持养老服务业发展的指导意见》（湘民发〔2015〕7号）提出金融机构支持养老服务业系列举措。

扶持重点为养老机构建设、居家养老服务、老年产品用品企业、产业集群生产与经营。扶持办法为创新信贷产品、优先安排贷款资金和提升服务水平。

◎《"十三五"湖南省老龄事业发展和养老体系建设规划》提出金融支持养老产业系列举措。

通过设立养老产业基金、贷款贴息、运营补贴、购买服务、政府和社会资本合作（PPP）等方式，支持社会力量兴办养老服务机构，重点鼓励社会力量投资兴办医养结合型养老机构和养护型、医护型养老床位。

◎《关于全面放开养老服务市场 提升养老服务质量的实施意见》（湘政办发〔2017〕84号）提出推进"养老＋"融合发展相关举措。

依托湖南特有的医疗、旅游、生态等优势资源，大力发展候鸟式养老、旅游养老、医疗养老等新兴业态，拉长产业链条，提高产业聚集度。

◎《关于推进养老服务高质量发展的实施意见》（湘政办发〔2020〕59号）提出打造多元化养老产业布局。

各地要加快养老产业与医疗、保险、旅游等产业融合步伐，大力发展旅居养老、康养小镇、森林康养等新兴业态。鼓励各地打造养老企业和组织，形成龙头品牌，提升整体发展水平。

◎《湖南省老龄事业发展和养老服务体系"十四五"规划》（湘卫老龄发〔2022〕4号）提出统筹推进老龄产业发展系列政策举措。

完善老龄产业发展的政策，鼓励各地利用资源禀赋优势，发展具有比较优势的特色老龄产业。鼓励社会力量和民间资本进入老龄产业,鼓励多方共建特色养老产业合作园区。大力发展智慧养老、文化养老、旅居养老、森林养老等新型养老模式,促进养老消费,扩大银发经济规模。推动实施老龄产业品牌战略。

虽然不同时期的资本投入与金融支持政策表述有一定的差异,但是其核心要义基本一致。湖南省一直以积极开放的姿态,鼓励和引导各类资本对老龄产业、康养新业态、养老产业链进行长期、可持续的投入,这对缓解养老服务供需矛盾,促进行业融合,增加有效供给,扩大银发经济规模,满足人民群众多样化养老需求,引导建立行业内良性的输血、供血、回馈机制,蓄积更多的耐心资本具有长远的战略意义。

二、率先设立养老产业投资基金,牵引湖南健康养老产业发展

2014 年,财政部、商务部选择八个省(自治区)开展以市场化方式发展养老服务产业试点工作,并下拨中央财政服务业发展专项资金,湖南省位列其中。2015 年 5 月,经湖南省政府批准,湖南高新创投健康养老基金管理有限公司正式运营。同年 8 月,湖南省率先在全国建立首支省级政府引导型健康养老产业投资基金,"湖南健康养老产业投资基金"的成功设立对促进湖南省健康养老服务产业健康快速发展具有重要意义。

湖南健康养老产业投资基金是采取中央财政资金引导,湖南省政府、银行、企业共同出资设立基金平台,按市场化运作的方式,支持发展居家养老、集中养老、社区综合服务等多种形式、面向基层大众的养老服务产业,促进养老服务产业加速、融合发展,探索以市场化、商业化支持养老服务产业发展的体制机制和有效模式。

◎《湖南省健康养老服务产业投资基金管理办法》(湘财建〔2017〕11号)

健康养老服务产业投资基金,由省政府发起,政府与社会资本共同出资设立,采用股权投资等市场化方式,支持我省健康养老服务产业发展。

基金运营遵循"政府引导、社会参与、市场运作、科学决策、防范风险"的原则,政府与社会资本共同遵循契约精神和市场规则,使市场在资源配置中起决定性作用,利用市场机制促进我省健康养老服务产业发展。

具体内容包括基金的设立及资金募集、基金管理机构、基金的投资运作、基金费用、基金退出、基金解散和清算、基金监督等。

湖南健康养老产业投资基金从三个方面助推了湖南健康养老产业发展。一是打造多元融合的资金组织平台。养老产业基金采取 PPP 模式,力促政府与社会资本融合,在财政引导资金的基础上,广泛吸纳民营资本以及银行、保险公司等金融机构的出资。二是打造点面结合的服务组织平台。养老产业基金围绕"居家＋社区＋机构",把握协调好点、线、面的关系,构建新的养老服务供给机制,促进"9073"养老模式形成。三是打造产融结合的运营组织平台。重点投资养老服务连锁经营、康复医疗和老年病治疗、候鸟式旅游休闲养老、老年人大数据平台建设与运营等领域,力争把健康养老服务产业打造成湖南省新的"千亿"产业集群。

湖南高新创业投资集团作为"湖南健康养老产业投资基金"的核心发起方与受托管理单位,近年来发起设立基金和基金管理公司 50 余家,总规模近 200 亿元;通过直接投资并引导社会资本跟进投资共达 125 亿元;通过"走出去、引进来",为湖南引进各类投资机构 60 余家,引进投资资本超 140 亿元,积累了丰富的股权投资经验。

2024 年,中国健康产业投资基金在湖南成立新公司,注册资本达 5 000 万元,是国家在健康产业发展方向上的一个重要举措,也是对市场需求的积极响应。健康产业的多样化投资展现了新公司的商业发展策略。

三、用产业思维对待养老,产投基金增量扩围培育大健康产业

从"十三五"开始,湖南省就将健康养老产业作为消费升级的重点产业、供给侧结构性改革的重要抓手,将养老服务业专项规划升级为大健康产业发展规划,围绕老年人日益多元化、个性化的消费需求,通过财政支持和市场创新双轮驱动,全力推进"医疗＋养老""互联网＋养老""金融＋养老"全方位发展。

◎《湖南省健康产业发展规划(2016—2020年)》(湘发改社会〔2016〕975号)提出发展健康养老服务产业的系列举措。

建立健全医疗与养老机构之间的业务协作机制。鼓励社会资本投资开发养老服务综合体,提供集养老与医疗保健于一体的养老服务,实现医养一体。打造可复制、可推广的医养结合示范基地。

大力支持社会资本新(改、扩)建以老年医学、老年康复为主的医疗机构,提供康复护理服务,开设临终关怀床位。加快推动面向养老机构的远程医疗服务试点,开设老年病科,增加老年病床数量,提高老年慢病防治和康复护理能力。

开辟老人旅游娱乐业,提供旅游服务与陪同、棋牌、运动和曲艺等场所及服务;开发老年教育产业;生产老年特色产品。

◎《湖南省培育大健康产业工作方案》(湘政办发〔2023〕5号)提出健康产业跨界融合、医养结合等系列举措。

围绕"医、养、管、食、游、动"全产业链要素,推进健康产业实现一、二、三产业融合发展,把大健康产业培育成为我省战略性支柱产业。推动健康产业跨界融合提速。鼓励优质医疗机构、旅游服务机构和旅游休闲基地深度合作,积极建设国家中医药健康旅

游示范区(基地)。依托丰富旅游资源和特色自然生态资源,实施"森林康养＋"行动,推动康旅康养融合。

医养跨界融合提速计划。加快推进长沙、湘潭、岳阳等国家医养结合试点城市建设,着力推进医养结合示范县市区、医养结合示范机构、医养结合示范项目建设,培育壮大一批智慧健康养老示范企业,建立健全医养结合服务网络。

为了发展大健康产业,省级层面出台包括产业、投融资、人才建设、收入分配、成果转化要素保障、招商引资等方面的普惠政策,凡是法律法规和产业政策未明令禁入的领域,一律面向社会资本开放。

为了服务中心大局、聚焦产业发展,2024 年 9 月湖南省委、省政府组建了湖南省金芙蓉投资基金,制定出台《湖南省金芙蓉投资基金高质量发展的指导意见》等相关文件,对金芙蓉基金进行系统设计和整体规划,搭建了金芙蓉基金的"四梁八柱"框架。

◎ 金芙蓉基金统筹整合省市县三级财政及国企基金,聚焦打造有体系、有规模的基金矩阵。金芙蓉基金锚定"三高四新"美好蓝图,促进全省高质量发展。基金按"1＋5＋N"架构组成,通过"政府＋国企＋社会"联动,加快形成约 3000 亿元基金规模,打响"金芙蓉"基金统一品牌。

◎ 金芙蓉母基金管理人由政府按程序确定,子基金管理人实行公开遴选。聚焦"募、投、管、退"全流程监管,切实防范风险。基金运作上降低返投比例,子基金返投倍数为 1.0～1.2 倍,并放宽认定标准。

据了解,金芙蓉基金中的社会发展类子基金重点支持收益较为稳定的文体、养老等项目,湖南健康养老产业专项基金已经向产业基金矩阵——金芙蓉投资基金提质升级。

由此可见,湖南省已经完全在用产业的思维来对待养老与大健康产业的发展问题。养老与大健康产业有很长的边际线,金融与资本不需要"惠及""照顾"这一产业,而只需要用客观的投资眼光、用长期耐心资本,来培育和等待这一行业的成长。只有这样,养老与大健康产业才可能迎来滚滚投资浪潮,并形成与产业预期相匹配的持续的现金流。

(张国安)

江西省医养、康养融合发展政策解读

一、政策持续加码医养供给短板，推动养老服务高质量发展

江西省人口老龄化加剧，应对老龄化存在较大压力。2020 年江西省 65 岁及以上人口占比为 11.89%，2023 年这一占比为 13.49%，据此，两年之内江西省将步入中度老龄化社会。2020 年江西省的老年人口抚养比为 17.97%，接近当年全国养老负担的 19.69%；2023 年江西省的老年人口抚养比为 19.92%，更加趋近于当年全国养老负担的 20.69%，说明江西省的养老负担在加重。从人口老龄化与经济的关系来看，20 余年来，江西省地区生产总值占全国 GDP 的比例始终低于其老龄人口占全国老龄人口的比例，说明江西省经济发展水平在应对人口老龄化方面能力较弱，随着老龄化由轻度进入中度阶段，江西省应对老龄化的压力或将更大。

近些年来，为了应对人口老龄化的挑战，江西省在着力放开养老服务市场、增加养老服务供给、构建基本养老服务体系的同时，高度重视老年人医疗服务、健康服务需要，通过持续出台医养结合、医养融合发展政策，来补齐养老医疗供给短板，解决老年人急难愁盼的医养需求问题。

江西省较早地提出了"医养融合"发展的政策。在《关于加快发展我省养老服务业实施意见的通知》（赣府厅发〔2006〕42 号）、《关于加快发展养老服务业的实施意见》（赣府发〔2014〕15 号）、《关于全面放开养老服务

市场的实施意见》(赣府厅发〔2017〕55 号)等政策文件中,明确鼓励和支持医疗机构开展老年护理、临终关怀等为老服务业务,提出优先建设医养结合设施,积极推进"医养融合"发展。

江西省将医养结合作为养老服务高质量发展的重要举措。《江西省养老服务体系建设发展三年行动计划(2019—2021 年)》《关于加快推进养老服务高质量发展的实施意见》(赣府厅发〔2021〕16 号)等政策文件提出了深入推进医养结合试点的系列举措:制定医养结合机构服务规范和管理指南,支持养老机构设置医疗机构、医疗机构设立养老机构,建立健全医疗卫生机构与养老机构合作机制,增加医养结合服务供给,扩大医养结合服务队伍,提升医养结合服务质量等。

进入新时期,江西省将医养结合写进中长期规划、落实到行动方案,使医养结合成为整合性、机制化、更具操作性的政策举措。

◎《江西省"十四五"养老服务体系建设规划》(赣府厅发〔2022〕3 号)提出:简化医养结合机构设立流程,对养老机构内设诊所、卫生所(室)、医务室、护理站,取消行政审批,实行备案管理,具备法人资格的医疗机构可通过变更登记事项或经营范围开展养老服务;统筹布局医疗卫生和养老服务资源;支持通过建立联合体等方式,为老年人提供一体化的医疗、健康和养老服务;推动基层医疗卫生服务向社区、家庭流动延伸。

◎《江西省"十四五"老龄事业发展规划》(赣府发〔2022〕7 号)提出:加快省、市两级老年医院和二级及以上综合性医院老年医学科建设,建设老年友善医疗机构;建立涉老的护理、康复医疗服务体系,支持医疗资源丰富的市、县(区)将部分公立医疗机构转型改扩建为护理、康复医疗机构;推动社区基层医疗卫生机构老年护理床位设置和具有康复功能床位建设。

◎《江西省推进养老服务提质升级三年行动方案(2023—2025 年)》(赣府厅字〔2023〕41 号)提出:支持养老机构内部设置医务室、护理站等，实行备案管理；将符合条件的养老机构内设医疗机构纳入基本医疗保险定点管理；整合优化医疗卫生和养老资源，建立健全养老机构与医疗机构业务协作机制，开展签约合作，开通预约就诊、急诊急救等绿色通道。

二、持续完善医养结合服务模式，有效促进医养深度融合

2016 年，江西省南昌市和赣州市成为首批国家级医养结合试点单位，由此结合试点实践与推广，江西省先后出台了一系列医养融合的政策文件，从实施意见到服务规范、再到具体中医药技术的推广应用，统筹各方资源，全面落实医养结合各项重点任务。

◎《关于推进医疗卫生与养老服务融合发展的实施意见》（赣府厅发〔2016〕40 号）、《关于推进我省医养结合机构审批登记工作的实施意见》（赣卫老龄发〔2020〕4 号）先后提出：建成一批兼具医疗卫生和养老服务资质的医疗卫生机构或养老机构；建立健全医疗卫生机构与养老机构合作机制；支持养老机构开展医疗服务；鼓励医疗卫生机构与养老服务融合发展；推动医疗卫生服务延伸至社区、家庭；鼓励社会力量兴办医养结合机构；积极发展中医药健康养老服务；提高基本医疗保险管理水平。

◎《关于深入推进医养结合发展的实施意见》（赣卫老龄字〔2020〕6 号）再次提出要加快发展医养结合机构。

支持一批三级综合医院向康复、护理和养老服务延伸，支持南昌大学第四附属医院建设医养结合服务培训基地；引导一批二级及以下综合医院转型发展为收治高龄、重病、失能、部分失能老年人的医养结合机构；扶持一批符合条件的养老机构举办老年医院、康复医院、护理院、中医院、安宁疗护机构等医疗机构；鼓励具

备条件的红十字会积极争取社会力量支持,结合实际兴办公益性医养结合机构。

◎《江西省医养结合机构服务规范(试行)》(赣卫办老龄字〔2020〕7号)、《关于印发江西省老年友善医疗机构建设实施方案的通知》(赣卫老龄函〔2021〕1号)发布,核心内容为:一是明确机构、人员等要求和参考标准;二是明确服务内容和服务规范;三是明确服务接待、体检、评估、协议、档案等流程。

◎《关于印发2022年民生实事工程安排方案的通知》(赣府发〔2022〕3号)提出实施医养结合工程。

推动公办医疗卫生机构延伸开展养老服务,按照每张床位2万元的标准支持养老床位建设;按照每个10万元的标准支持公办养老机构配建医务室、护理站、临终关怀室;按照每张床位10万元的标准支持公办医疗卫生机构建设示范性安宁疗护病床。

热敏灸技术是江西省中医药原创性成果。《关于促进热敏灸产业发展的实施意见》(赣府厅发〔2019〕15号)、《关于推动热敏灸产业高质量发展的实施意见》提出推进热敏灸产业与养老服务体系建设融合发展,鼓励中医医院加强与养老机构合作,为入住养老机构的老年人提供热敏灸中医药健康养老服务。2023年底江西省有200余家养老服务机构、居家社区养老服务中心开展热敏灸中医药服务,不仅增强中医药医养结合服务能力,也为产业壮大奠定基础。

此外,从2019年起,江西将医养结合工作更多地聚焦农村养老,按照养老院建设、医疗机构布局的"四同"要求,提高医养结合服务的可及性。对农村医养结合养老实践中遇到的问题,提出加强医养结合与医保报销机制的衔接等一系列对策。

在国家医养结合试点政策推动和江西省医养融合系列政策的加持下,江西省持续深化医与养签约服务,推动医养结合信息化发展,提升城乡社区医养结合服务能力,探索完善适合的医养结合模式,促进医疗与养老服务的深度融合。

十余年努力终结硕果。2023年12月，江西省南昌县、渝水区、于都县和南昌大学第四附属医院向塘院区以及宜春市第三人民医院，被国家评为医养结合示范县和示范机构。截至2023年底，江西全省共有223家二级及以上公立综合性医院设置老年医学科，设置比例高达99.55%，居全国前列。

三、化资源优势为产业优势，康养旅游融合发展初见成效

康养旅游因覆盖面广、产业链长，具有巨大的市场前景和产业规模。江西省康养文旅资源丰富，毗邻大湾区和长三角，具备得天独厚的康养旅游发展条件。近年来，江西省出台实施了一系列政策规划文件，引领康养旅游产业发展，反哺乡村养老服务。

◎《江西省旅游业发展"十三五"规划》（赣旅发〔2016〕3号）、《江西省"十四五"文化和旅游发展规划》（赣府厅发〔2021〕21号）提出：积极发展养生养老旅游、候鸟式养生养老；结合温泉养生、保健疗养、森林体验和森林康养等旅游产品，积极开辟"养生福地，健康江西"康养旅游线路。

◎《关于推进康养旅游发展的意见》（赣府厅发〔2021〕41号）、《江西省康养旅游发展规划（2021—2030年）》提出以"江西风景独好，康养这边更好"为定位，构建"一核五片多节点"康养旅游格局；全力发展中医药康养旅游产业，提升发展温泉康养旅游产业；持续发展森林康养旅游产业，加快发展避暑康养旅游产业。

作为全国首个设区市"国家森林城市"全覆盖省份，江西省积极响应国家森林产业基地建设，制定出台多项政策规范，促进江西特色的森林康养产业发展。

◎《关于促进江西森林康养产业发展的意见》(赣林产字〔2019〕144号)提出开发森林自然疗养、亚健康理疗、康复康养、养生养老等服务项目,把森林康养业打造成我省林业产业的精品产业和高端业态。

◎《江西现代林业产业示范省实施方案》(赣府发〔2022〕6号)提出启动实施国家森林步道及其连接线提升改造,建立一批国家级和省级森林康养基地,推广自然教育、森林医养、森林运动等新业态;加强国家森林乡村管理,发展乡村旅游,助力乡村振兴。

◎《江西省森林康养基地管理办法》(赣林规〔2022〕13号)提出省级森林康养基地分为:保健养生类、康复疗养类、养老服务类、自然教育类、运动健身类和其他类。

江西中药材享誉全国,自"十三五"开始,江西省在推进医养融合的同时,布局和规范中医药健康旅游业发展。江西省在2018年首批国家中医药健康旅游创建中,获得1个示范区、4个示范基地的荣誉。

◎《江西省"十三五"中医药发展规划》(赣府厅发〔2017〕29号)、《江西省"十四五"中医药发展规划》(赣府厅发〔2022〕25号)提出打造一批具有江西特色的中医药健康旅游示范区(基地)。重点打造医、养、调、游相结合的医疗保健游、养生康复游、休闲调理游、文化体验游、康体运动游等中医药健康旅游发展模式。

◎《江西省推动中医药振兴发展重大工程实施方案》(赣府厅字〔2023〕72号)提出持续发展中医药康养旅游。加快上饶、庐山、鹰潭建设各具特色的中医药康养项目,打造一批特色鲜明、优势突出的中医药康养旅游胜地。

在持续出台产业促进政策的同时,江西省大力宣传推介本地康养旅游产品,旨在打造江西特色旅游康养品牌。江西省先后成功举办4届江西森林旅游节和第六届中国森林康养产业发展大会,近两年抚州生态康养产业发展大会和招商推介会分别在梧州和北京举行,首届"避暑消夏好去处"媒体推介会在萍乡举行,2024年"江西风景独好"港澳文化和旅游宣传推广月暨香港(江西)文旅推介会在香港举办。

江西省通过政策推动完善康养旅游产业体系,培育康养旅游新业态,并以市场为导向加强宣传推广,打造康养旅游目的地,促进康养旅游产业蓬勃发展。2023年,江西全省累计接待游客人数8.2亿人次,全年旅游总收入达9 668亿元人民币,均创历史最高水平。

(魏松涛)

广西旅居养老发展政策解读

一、抓住创建综改试验区机遇，用顶层规划推动旅居养老发展

随着我国居民生活水平显著提高、旅游休闲产业快速发展、传统养老压力日趋增大，旅居养老逐步成为一种新型养老方式。凭借得天独厚的区位优势、生态优势、长寿品牌优势和旅游资源优势，广西壮族自治区较早就部署打造老年旅游目的地和旅居养老目的地，并调动各种社会资源参与到养老服务，加快推动区域养老事业持续健康发展。

◎《广西壮族自治区人民政府关于印发广西壮族自治区老龄事业发展"十二五"规划的通知》（桂政发〔2012〕74号）提出积极开发老年旅游产业。

完善老年旅游产业发展布局，打造老年旅游精品，加强老年旅游服务宣传，完善景点、景区等老龄服务设施建设，加强老年游客维权工作。

2015年，广西率先在全国创建省级养老服务业综合改革试验区，在发布相关指导意见、专项规划的同时，出台了20余项配套的政策措施，为试验区建设提供了方向指引和政策支撑，也为今后旅居养老产业发展奠定了政策基础。

◎《关于建设养老服务业综合改革试验区的意见》（桂政发〔2015〕33

号）提出养老服务业综合改革试验区的空间布局以及特色养老产业的发展举措。

建设"一核四区"养老服务业发展的空间布局。"一核"为南宁养老服务业综合改革核心区，"四区"为桂西养生养老长寿产业示范区、桂北休闲旅游养生养老产业示范区、北部湾国际滨海健康养老产业示范区、西江生态养老产业带示范区。

积极发展休闲养生、健康养老产业。综合建设一批滨海型、山水型、森林型、气候型、温泉型、生态型等养生、疗养、康复基地。在桂林、北部湾、巴马等旅游景区、沿海地区及长寿之乡区域，兴办一批具有全国一流水平的养生养老机构、养生保健特色酒店，打造一批集休闲、养生、保健、疗养和旅游功能于一体的健康养老产业集聚区。依托长寿之乡、乡村休闲旅游和生态农业示范基地，拓展康复理疗、中医食疗、休闲养生等服务功能，设计和开发适合老年人的多样化休闲养生旅游产品，吸引国内外老年人度假养老。

◎《广西养老服务业综合改革试验区规划（2016—2020 年）》（桂政办发〔2016〕14 号）提出着力发展特色养老产业。

提出大力发展休闲养生健康养老产业。创新发展旅游养老业。创新发展"候鸟式"旅游养老模式，充分利用我区既宜居又宜游的特色，积极推进养老和旅游融合发展。发展多业态养生养老服务产业。大力发展老年健康管理服务业。重点建设健康养老产业园区。

广西以养老服务业综合改革试验区建设为契机，接续发布《广西壮族自治区老龄事业发展"十三五"规划》（桂政发〔2017〕68 号）和《关于全面放开养老服务市场提升养老服务质量的实施意见》（桂政办发〔2017〕129 号），提出进一步深化养老服务业综合改革，创新发展模式、夯实发展基础，优化空间布局、完善配套政策，加快发展特色养老产业；深化国内外交流与合作,建立异地养老合作机制,积极培育国际性养老服务市场,将养老服务业打造成为我区战略性新兴产业。

进入"十四五",广西通过宏观规划进一步明确发展旅居养老的愿景目标以及旅居养老提质升级的努力方向。

◎《广西壮族自治区"十四五"养老服务体系规划》(桂民发〔2021〕55号)与《广西壮族自治区老龄事业发展"十四五"规划》(桂政办发〔2022〕72号)提出大力发展旅居养老服务,到2025年底,培育创建一批旅居养老示范基地,初步建成国内一流、国际知名的宜居康养胜地。

探索制定广西旅居养老服务地方标准,引领和规范行业发展,做大做强旅居养老服务产业。建设一批集休闲、养生、疗养和旅游功能于一体的康养综合体,形成季节性推介目录,加强跨区对接联动,为全国各地老年人到广西旅居养老提供优质服务。

相比国内其他省份,广西在世界著名的长寿之乡巴马品牌加持下,较早地突破区域自身养老体系建设,挖掘各地资源优势,积极探索"旅居式养老""候鸟式养老"等新业态,大力发展长寿养生、休闲养老、康复疗养等特色养老产业,为全国各地老年人到广西旅居养老提供优质服务,并进而加快建设集养老、医疗、老年用品、保健食品、养老服务人才培训等功能于一体的养老产业集群。

二、率先推行旅居养老服务规范,用标准化建设推进行业发展

广西在养老服务的标准规范建设上一直走在全国的前列。2016年,广西民政厅在国内率先发布《关于印发〈广西养老机构星级评定管理暂行办法〉和〈广西养老机构星级评定细则(试行)〉的通知》(桂民发〔2016〕43号),提出加强广西养老机构的规范化和标准化管理,推动养老机构转型

升级,发挥星级养老机构的示范引领作用。广西以此标准连续 4 年在全区开展养老机构星级评定工作。2020 年,广西被选为《养老机构等级评定国家标准》先行先试 14 个省份之一,并修订了养老机构等级评定管理办法,同时按照新办法进行养老机构的评定;其中 2023 年在 14 家养老机构中评定出 3 家五级养老机构和 8 家四级养老机构。

旅居养老产业,作为新型现代服务业,需要完善的服务规范、建设标准、评价体系,才能促进行业良性运行和可持续发展。2023 年底,广西颁布实施了《广西旅居养老服务规范》(DB45/T2775—2023)。该规范对旅居养老、旅居养老群体、旅居养老服务、旅居养老机构给出清晰定义。其主要内容包括:

1. 基本要求

机构应具备营业资质;具备旅居养老服务相关的服务管理和各项服务能力;基础设施、周边环境应符合相关的要求。

2. 设施要求

交通设施。包括外部交通、内部交通;满足停车需求;设有交通指示标志和停车指引导示牌。

环境设施。地面、植被符合要求;室外道路平缓;配置室外活动场地。

安全设施。内设治安室,有监控、报警等救助系统;设置临时应急避难场所。

医疗设施。周边 15 公里内宜有二级以上医院;宜设立医务室。

公共服务设施。商业设施较完善;公共厕所数量充足;标识服务系统完善。

旅居养老服务设施。住房与用餐场所符合规定;至少设立 2 项健康疗养场所;至少设立 2 项文娱休闲场所。

3. 服务内容

生活照料服务。提供迎送接待和分送行李服务;房间 24 小时提供冷热水、冷暖气、视听、通讯、网络、紧急呼救等服务;房间提供起居照料、清洁洗涤等服务;提供用餐服务,制订营养食谱。

健康管理服务。提供陪同就医服务。

安全管理服务。有应急救援联防机制;公共区域提供 24 小时值班、巡查、监控、协助报警等服务。

文旅休闲服务。提供常规或定制化周边旅游服务;提供交通接送和交通协助服务;提供特色商品推荐服务;定期举办各种交流性活动;提供文化传播服务。

特色康养服务。利用广西中医药资源及壮瑶医药特色优势,提供养生养老服务;利用广西自然生态资源及长寿福地优势,提供休闲养生、生态疗养、乡村康养等服务活动;围绕广西国家级非物质文化遗产名录的项目,开展老年研学、文化教育、节庆娱乐等服务活动。

4. 服务运营管理

健全管理制度;财务、人事和其他档案的保管期限执行国家规定;不泄露旅居养老群体信息;提供基本保险服务;购买机构责任险;制定突发事件应急预案。

5. 服务人员管理

明确服务人员岗位职责,确保服务流程规范;持证上岗;遵纪守法,尊重服务对象隐私;应掌握相应的知识和技能或经过技能培训后上岗,膳食服务从业人员须持有效健康证明。

6. 服务评价与改进

评价方式包括:设置意见箱、网上收集等方式收集信息,定期开展机构内的服务质量检查与考核。服务评价内容包括但不限于:服务项目、服务质量、服务人员、服务满意度、工作记录和归档情况等。根据评价结论、投诉反馈,及时改进、提高服务品质。

在发布规范的同时,广西民政部门还委托第三方机构按照标准要求,对全区 51 家申报广西旅居养老示范基地单位进行现场核验和集中评审,评定了广西旅居养老示范基地 32 家。通过旅居养老基地标准化建设和康养旅居示范基地评定,旅居养老的个性化定位更为突出,旅、居、养三重功能叠加的全新养老服务模式逐渐成形。

三、强化融合创新,促进旅居养老产业化、特色化、品牌化发展

旅居养老以"旅、养、健、食、娱、居"为核心要素,它既不同于传统的观光旅游,也有别于居家社区机构协调、医养结合的养老。为此,广西综合区内区外人口老年化发展趋势,以"大养老、大健康、大产业"的思维,运用政策工具,出台一系列发展大健康产业集群、打造旅居养老产业胜地的意见、规划和行动方案,推动资源和要素跨界整合、融合创新,来抢占新赛道、培育新动能,塑造产业发展的新优势。

◎《关于促进旅游与相关产业融合发展的意见》(桂政办发〔2015〕79号)与《广西健康养老产业发展专项行动计划(2019—2021年)》提出加快旅游业与第三产业的融合,打造十大健康养生基地。发展"候鸟型"栖息式养老等中高端休闲养生养老模式,加快休闲养生与养老健康产业的发展,打造全国长寿养生生态旅游区。打造一批以休闲养生、健康养老、生态疗养、中医保健、健康食品等为核心内容的广西养生小镇,为实施乡村振兴战略注入新动力。

◎《广西大健康产业发展规划(2021—2025年)》(桂民发〔2021〕40号)与《广西养老产业发展三年行动计划(2024—2026年)》(桂民发〔2024〕26号)提出到2026年,全区异地旅居康养人数达到550万人次,初步打造成为全国知名旅居康养胜地,为此要积极培育创建一批旅居康养示范基地,大力吸引国内外老年人到广西异地养老,为把广西打造成全国知名旅居康养胜地提供有力支撑。

近年来,面对庞大的旅居养老市场,广西以"老年旅游产品打造""老年旅游线路设计"为抓手,整合推出世界长寿之乡休闲养生游等六条旅游

精品线路,开发提升游览观光、休闲度假、长寿养生、民族民俗风情、红色旅游、乡村旅游等九大特色旅游产品,推动旅居养老特色化发展,以特色塑造广西旅居养老产业。

◎《广西大健康老年旅游发展规划(2022—2025 年)》(桂文旅发〔2022〕82 号),提出大力开发兼具养生、养身、养老等元素的新产品、新业态,全面提升广西老年旅游发展质量。

打造中医药健康主题游、长寿养生养老主题游、山水休闲度假主题游、边海休闲度假主题游、民族文化体验主题游等 5 条精品线路,构建大健康老年旅游"四区一带"发展格局。开通"夕阳红"旅游专线,提高老年游客的出行服务质量。建设便捷化的交通服务设施,提升旅游出行信息服务水平;推进老年智慧健康养老服务便利化,培育老年旅游特色住宿业态,提高老年旅游服务水平。

◎《广西文旅产业发展三年行动方案》(桂文旅发〔2024〕17 号)进一步提出构建全域共融的旅游产品和线路。

推动实施"串珠成链"工程,分时节、分主题、分群体推出 100 条精品旅游线路,加快建设环广西国家旅游风景道。

在旅居养老市场,品牌影响力对于养老机构的生存和发展具有至关重要的作用。广西整合各地生态优势、长寿文化、边关风情等特色资源,打造旅居养老品牌,推介长寿福地,实施"品牌战略工程",打造、打响长寿福地系列品牌。近年来,广西共培育创建"中国长寿之乡"37 个,河池市、贺州市被誉为"世界长寿市",巴马瑶族自治县、浦北县、上林县、乐业县被誉为"世界长寿之乡","天地赐福、仁寿巴马"等系列品牌享誉全国。据不完全统计,每年赴广西旅居养老半个月以上的老年人近 300 万人。

◎《深入推进"壮美广西·长寿福地"康养产业发展三年行动方案(2023—2025 年)》(桂政办发〔2023〕74 号)提出培育壮大旅居养老产业,打响"壮美广西·长寿福地"品牌。

增强旅居养老承载能力。加强城市小区居家社区养老配套设施建设，建设改造一批适老定居型养老社区，支持一批疗养机构、酒店、民宿等开展适老化改造，提升接待服务能力。

提高旅居养老服务质量。组织开展旅居养老服务质量提升专项行动，每年培育旅居养老示范基地 20 个以上，将 500 个以上优质服务场所纳入旅居养老路线。支持建设一批旅居养老服务综合体。

扩大旅居养老合作交流。举办"到广西养老""到广西过冬""到广西消夏"系列品牌活动，推动跨区域旅居养老常态化。

为进一步扩大"壮美广西·长寿福地"品牌知名度，实施"宣传推介工程"，开展宣传推广、扩大合作交流。广西举办"壮美广西·长寿福地"——广西康养产业（京津冀、长三角、大湾区）合作洽谈会、六省（区）旅居康养首发团欢迎仪式、长三角旅居康养基地授牌、中国—东盟大健康产业峰会暨大健康产业博览会等系列国内外交流合作活动，签约广西中越大健康产业园等项目 20 个，并与 21 个省份签订产业战略合作协议，建立旅居养老合作机制，25 个养老行业组织、600 多家康养企业深度参与。

（张国安　陶斯劼）

西北四省区养老产业政策解读

一、区域老龄人口一直较少，应对老龄化的经济基础总体较强

西北四省区①包括甘肃省、青海省、宁夏回族自治区和新疆维吾尔自治区。西北四省区地大物博、山川壮美、历史悠久、民族众多、文化丰富多彩。进入新时代，西北四省区经济发展加快，交通更加便捷，产业特色更为显著，社会和谐安定，是我国发展经济内循环、建立全国统一大市场的战略支点和大后方。

从老龄人口占比看，西北四省区尚处于轻度老龄化阶段。一般而言，一个社会中 65 岁及以上老人占比超过 7% 则表示该社会进入轻度老龄化社会，占比为 14%～21% 则表示进入中度老龄化社会，超过 21% 则为重度老龄化社会。从表 1 来看，2023 年西北四省区 65 岁及以上人口占比都低 14%，只有甘肃最接近于 14%，说明四省区都处于轻度老龄化水平。

从老龄人口变化趋势看，1964—2023 年的 60 年间，在全国八大经济区中，西北经济区老龄人口的数量一直是最少的，老龄人口在区内的占比是最低的，老龄人口抚养比对总抚养比的贡献也是最低的。

---

① 2004 年，国务院发展研究中心根据区域经济特征将全国划分为八大区域，即东北区、北部沿海区、东部沿海区、南部沿海区、黄河中游区、长江中游区、西南区和西北区。其中，西北区包括甘肃、青海、宁夏、新疆和西藏。

如表2所示，从人口老龄化与经济的关系来看，青海和宁夏的地区生产总值占全国 GDP 的比重高于其老龄人口占全国老龄人口之比，表明这两地对老龄化的经济应对能力较强；甘肃省地区生产总值占全国 GDP 的比重有下降趋势，而老龄化进展则较快，表明其应对老龄化的经济基础相对较低；新疆的老龄化程度在持续下降，而地区生产总值占全国 GDP 的比重在上升，表明其具备很好地动态解决老龄化的经济基础。

表1　2023 年西北四省区老龄人口情况

地区	人口数/万人	60 岁及以上人数/万人	60 岁及以上人口占比/%	65 岁及以上人数/万人	65 岁及以上人口占比/%	与2020 年相比 60 岁及以上占比变动/%
全国	140 967	29 700	21.10	21 700	15.39	2.40
四省区	6 386	1 005.6	15.75	701	10.97	1.89
新疆	2 598	337	12.97	226	8.69	1.69
甘肃	2 465	470	19.06	336	13.63	2.03
宁夏	729	110.6	15.08	77	10.56	1.56
青海	594	88	14.81	62	10.43	2.67

表2　2023 年西北四省区老龄人口和 GDP 占全国相应指标的比重

地区	老龄人口占全国总人口比重			地区生产总值占全国 GDP 比重	
	人口数/万人	60 岁及以上人数/万人	区域 60 岁及以上人口占比/%	地区生产总值（GDP）/万亿元	地区生产总值（GDP）占比/%
全国	140 967	29 700	100.00	129.43	100.00
四省区	6 386	1 006	0.71	4.13	3.19
新疆	2 598	337	0.24	1.96	1.51
甘肃	2 465	470	0.33	1.23	0.95
宁夏	729	111	0.08	0.54	0.42
青海	594	88	0.06	0.40	0.31

二、响应国家老有所养制度安排，积极建设基本养老服务体系

西北四省区从 2014 年起相继出台政策，促进和加快养老服务业发展，着力落实养老服务规划，加强社区养老设施建设，提升改造农村养老机构，努力建立起以居家为基础、社区为依托、机构为支撑的城乡统筹、设施齐备、功能完善、布局合理的养老服务体系。

2022 年《关于推进基本养老服务体系建设的意见》(中办发〔2022〕42号)颁布，推动全体老年人享有基本养老服务成为我国老有所养制度顶层设计的重大基础性安排。基本养老服务是由国家直接提供或通过一定方式支持相关主体向老年人提供的，旨在实现老有所养、老有所需的基础性、普惠性、兜底性服务，包括物质帮助、照护服务、关爱服务等内容。清单制度是基本养老服务体系建设的核心制度，用清单的形式为各级政府履职尽责和老年人享有相应权利提供明确依据，政府做到承诺必践，老年人实现"照单点菜"。

西北四省区立足基本省情区情和人口老龄化特点，响应和承接国家老有所养顶层制度设计安排，量力而行，尽力而为，积极建设基本养老服务体系。推动基本服务对象由特殊困难老年人向全体老年人转变，基本养老服务形式由机构为主向居家社区机构相协调、医养康养相结合转变，基本服务主体由政府公办为主向政府、市场、社会多元主体共同发力转变。表3～表6分别给出了新疆、甘肃、宁夏和青海四区构建基本养老服务体系的主要政策。

表3　新疆构建基本养老服务体系的主要政策

序号	政策名称	出台部门	主要内容
1	《关于加快发展养老服务业的实施意见》	新政〔2014〕19号	提出建立起以居家为基础、社区为依托、机构为支撑的,城乡统筹、设施齐备、功能完善、布局合理的养老服务体系
2	《关于加快推进养老服务发展的实施意见》	新政办发〔2020〕6号	从落实养老服务规划要求、加强社区养老设施建设、提升改造农村养老机构、进一步落实供地政策、加大闲置资源整合力度、推进公办养老机构改革6个方面提出具体政策举措
3	《新疆维吾尔自治区"十四五"老龄事业发展和养老服务体系规划》	新政发〔2022〕69号	建设老龄事业和产业有效协同、高质量发展,居家社区机构相协调、医养康养相结合的养老服务体系
4	《关于加快推进基本养老服务体系建设的实施方案》	新政办发〔2023〕45号	提出5大重点19项措施。制定落实基本养老服务清单(2项),建立精准服务主动响应机制(4项),完善基本养老服务保障机制(3项),提高基本养老服务供给能力(5项),提升基本养老服务便利化可及化水平(5项)
5	《自治区基本养老服务清单》	自治区民政厅	共包含9个物质帮助项目、8个照护服务项目和1个关爱服务项目等3类18个服务项目,在国家清单16个服务项目基础上,增加老年人优待、老年人健康管理等2个服务项目。新增内容包括乘坐市内公共交通工具、普通门诊挂号、使用公共厕所、参观景区、健康管理服务等

表 4　甘肃构建基本养老服务体系的主要政策

序号	政策名称	出台部门	主要内容
1	《关于加快发展养老服务业的实施意见》	甘政发〔2014〕50 号	提出全面建成以居家为基础、社区为依托、机构为支撑,功能完善、规模适度、覆盖城乡的养老服务体系
2	《甘肃省养老服务条例》	省人大常委会会议	提出"政府主导、社会参与、市场运作、统筹发展、保障基本、适度普惠"的养老服务基本原则
3	《关于发布甘肃省基本养老公共服务清单的通知》	甘民发〔2021〕70 号	提出养老公共服务清单 14 项,其中特困老年人兜底保障项目 3 项,困难老年人养老服务项目 3 项,普惠型老年人服务和优待项目 8 项。要求各级建立健全基本养老公共服务清单制度,全面建立省、市、县三级基本养老公共服务清单发布制度;各市(州)、县(市、区)须于 2021 年 12 月底制定并发布基本养老公共服务清单,科学确定基本养老公共服务清单事项,建立健全各级养老公共服务清单动态调整机制
4	《关于印发甘肃省推进基本养老服务体系建设实施方案〉的通知》	甘办发〔2022〕41 号	在国家基本养老服务清单"规定动作"16 项基础上,增加"自选动作"5 项,逐一明确服务对象、服务内容、服务标准、服务类型,完善服务供给、服务保障、服务监管等机制,构建了覆盖全体老年人、权责清晰、保障适度、可持续的基本养老服务体系

表5 宁夏构建基本养老服务体系的主要政策

序号	政策名称	出台部门	主要内容或实施成效
1	《关于加快发展养老服务业的实施意见》	宁政发〔2014〕44号	提出以居家为基础、社区为依托、机构为支撑、信息为辅助,全面建成功能完善、规模适度、覆盖城乡的社会养老服务体系
2	《关于推进基本养老服务体系建设的实施方案》	宁党办〔2022〕93号	提出5大重点17项措施。制定落实基本养老服务清单(2项),建立精准服务主动响应机制(3项),完善基本养老服务保障机制(4项),不断优化基本养老服务供给(3项),提升基本养老服务便利化可及化水平(5项)
3	《自治区基本养老服务清单》	自治区党办、政府办	共包含9个物质帮助项目、8个照护服务项目和1个关爱服务项目等3类26个服务项目,在国家清单16个服务项目基础上,增加了老年人优待、老年人健康管理等2个服务项目
4	《全区老年人能力评估实施方案》	自治区多部门联合印发	科学确定老年人能力等级评估,精准提供养老服务

表6 青海构建基本养老服务体系的主要政策

序号	政策名称	出台部门	主要内容
1	《青海省人民政府关于加快发展养老服务业的实施意见》	青政〔2014〕33号	全面建成具有青海特色的以居家为基础、社区为依托、机构为支撑,功能完善、布局合理、覆盖城乡的养老服务体系

（续表）

序号	政策名称	出台部门	主要内容
2	《青海省推进基本养老服务体系建设的实施意见》	省委办、省政府办	提出了9项重点任务。制定并明确《青海省基本养老服务清单》,建立精准服务主动响应机制,完善基本养老服务保障机制,提高基本养老服务供给能力,充分发挥基本养老服务设施基础性作用,提升基本养老服务便利化可及化水平,建立基本养老服务稳定投入机制,加强基本养老服务信息化建设,强化基本养老服务综合监管
3	《青海省基本养老服务清单》	省委办、省政府办	通过物质帮助、照护服务、关爱服务等3大类16个服务项目清单,让老年人享受到更专业、更优质的基本养老服务
4	《青海省养老服务高质量发展三年行动方案(2024—2026年)》	青政办〔2024〕21号	结合青海省情实际,分领域、分阶段、以点带面,有序推进养老服务发展。紧密结合民族团结进步事业,大力推动老年助餐服务发展,重点补齐农牧区养老服务短板,加强养老服务人才队伍建设

三、立足文旅资源优势,打造中国人最喜爱的康养旅游目的地

我国大西北地区以其广袤的高原、雄伟的山脉、璀璨的文化而著称,雪山、沙漠、戈壁、草原、森林等万千自然景观与延绵赓续的中华文明深度融合,可以打造出众多在世界上独一无二的文旅胜地。随着国人生活水平的提升,人们对高品质的休闲、旅游、度假、康养等有更迫切的需求,旅居式休闲、候鸟式养老、一体化医养康护、沉浸式度假体验等正在成为衣食无忧之后中国人追求的新风尚。

进入新时代,西北四省区立足丰厚的文旅资源,坚定文化自信,深化

文旅康养融合,锚定千亿、万亿目标塑造高质量发展的文旅产业集群,成功地打造出一个又一个中国人喜爱的康养旅游目的地。表7～表10分别罗列了新疆、甘肃、宁夏、青海四地在塑造高质量发展的康养文旅产业方面所做的积极实践。

表7　新疆塑造高质量发展的康养文旅产业实践一览表

产业现状	2023 年,新疆区级及以上自然保护区 28 个,其中国家级自然保护区 15 个、自治区级自然保护区 13 个;自然保护区总面积达 1 996.83 万公顷。 2023 年,新疆接待国内外游客 2.65 亿人次,实现旅游总收入 2 967 亿元,游客接待人次和旅游总收入创出新高
发展定位	将文旅产业纳入产业集群序列形成"九大产业集群",推动新疆由文旅资源大区向文旅产业强区转变。整合优质旅游资源,打造一批具有国际影响力的文化旅游品牌,形成以文旅为主导,带动泛旅游产业集群式扩张,打造高品质、高附加值的文旅产业
政策脉络	(1)2017 年,出台《新疆维吾尔自治区康养旅游产业发展实施意见》; (2) 2021 年,出台《新疆维吾尔自治区旅游促进条例》; (3) 2024 年 6 月,自治区党委办、政府办印发《自治区加快推动旅游业高质量发展三年行动方案(2024—2026 年)》; (4) 文化和旅游部发布《促进新疆旅游消费专项行动计划工作方案》
宣传活动	(1) 2016 年 6 月,自治区首届康养旅游产业先行先试区座谈会在乌鲁木齐县举行; (2) 2018 年 8 月,自治区旅游发展大会召开,确定实施旅游兴疆战略; (3) 2019 中国康养产业(新疆)发展大会项目推介会在北京新疆大厦举行; (4) "新疆是个好地方"2020 新疆冬季旅游推广营销活动在北京、成都、广州、上海举行专场推介会; (5) 2021 年,"人生必去的新疆最美旅游目的地"互联网营销推广活动正式拉开帷幕; (6) 2022 年,"新的向往 疆要启程——新疆文旅专场推介会"在昆明举行; (7) "新疆是个好地方"2023 文化旅游推广活动暨百万广东人游新疆活动在广州举办;

（续表）

| 宣传活动 | (8) 2024 年 4 月,中国康养与新疆民政厅在京签订战略合作; |
| | (9) 2024 年 5 月,自治区旅游发展大会召开,柬埔寨、阿根廷等多国驻华使节代表,19 个对口援疆省市代表,文旅企业、文艺界代表,新疆 14 个地州市等 500 人参会 |

表 8　甘肃塑造高质量发展的康养文旅产业实践一览表

产业现状	2023 年,甘肃共有自然保护区 56 个,其中国家级自然保护区 21 个,国家地质公园 12 个,省级地质公园 24 个。 2023 年,甘肃文旅火爆出圈,全年共接待游客 3.88 亿人次,实现旅游收入 2745.8 亿元,分别较上年同期增长 187.8%和 312.9%,增速远超全国平均水平,成绩喜人
发展定位	今后时期,甘肃省旅游发展要担负起新的文化使命,坚持以文塑旅、以旅彰文,着力构建"敦煌引领、丝路串联、网状协同、全域推进"的旅游发展新格局,加快建设"全域全季、惠民富民"的文旅强省,打造世界知名、国际一流的重要旅游目的地
政策脉络	(1) 2014 年,出台《甘肃陇东南国家中医药养生保健旅游创新区建设总体规划》; (2) 2021 年,发布《甘肃省文化旅游康养产业链发展实施方案》; (3) 2022 年,制定《甘肃省"十四五"旅游业发展实施方案》; (4) 2024 年,发布《关于促进文旅服务消费扩容升级的若干措施》(甘政办发〔2024〕70 号)
宣传活动	(1) 2015 年,甘肃省主办冬春旅游季新闻发布会暨旅游产品推介会; (2) 2016 年,"中国最美山水福地"推介会在兰州举办; (3) 2017 年甘肃省组团参加美丽中国－2017 丝绸之路旅游年宣传推广活动; (4) 2018 年,在香港参加"美丽中国 2018 全域旅游年"港澳地区主题宣传推广活动; (5) 2020 年,甘肃省作为主宾省参加在澳门举办的第九届世界旅游经济论坛; (6) 2022 年,中国－东盟博览会旅游展主题省(甘肃)文化旅游推介会在桂林举行;

（续表）

宣传活动	(7) 2023 年 4 月,甘肃省文旅产业招商推介会在广州举办; (8) 2024 年 3 月,甘肃康养旅游资源对接大会在庆阳举行,汇聚了来自全国20 个省份的 160 家康养旅游机构、重点旅行商代表;7 月,甘肃省旅游发展推进大会在兰州召开;9 月,第七届丝绸之路(敦煌)国际文化博览会文旅产业链招商推介会在敦煌举办

表 9　宁夏塑造高质量发展的康养文旅产业实践一览表

产业现状	2023 年,宁夏共有自然保护区 13 个,其中国家级自然保护区 9 个、自治区级自然保护区 4 个。 2023 年,宁夏接待国内游客 7004.11 万人次,比上年增长 80.4%。国内旅游收入 651.45 亿元,增长 114.1%
发展定位	挖掘品牌价值、扩大开放合作、改善服务条件,把宁夏建设成为西部国际旅游目的地。 聚焦"六新六特六优"产业,奋力打造文化兴盛沃土,努力建设新时代文化强区,为全面建设经济繁荣、民族团结、环境优美、人民富裕的社会主义现代化美丽新宁夏提供坚实有力的产业支撑
政策脉络	(1) 2013 年,出台《自治区党委人民政府关于做强做大文化旅游产业的决定》(宁党发〔2013〕3 号); (2) 2016 年,发布《宁夏全域旅游发展三年行动方案》; (3) 2017 年,发布《关于加快全域旅游示范区建设的意见》(宁政发〔2017〕46号); (4) 2017 年,修订《宁夏回族自治区旅游条例》; (5) 2017 年,发布《宁夏"十三五"全域旅游发展规划》; (6) 2021 年,发布《宁夏文化和旅游发展"十四五"规划》; (7) 2021 年,制定《宁夏全域旅游发展总体规划》; (8) 2023 年,发布《"宁夏二十一景"创新升级工程三年行动方案(2023—2025年)》; (9) 2024 年,发布《宁夏回族自治区促进银发经济发展增进老年人福祉实施方案》(宁政办发〔2024〕34 号)

（续表）

宣传活动	（1）2016 年，承办第二届全国全域旅游发展推进会，被批准为继海南之后全国第二个全域旅游示范省（区）创建单位； （2）2017 年至 2023 年，宁夏文化和旅游推广活动先后在银川、吉隆坡、深圳、兰州、天津、中卫、昆明、长沙、武汉、重庆、西安、北京等地举办； （3）2024 年 8 月，"乐享塞上·颐养宁夏"2024 宁夏养老服务业博览会在银川开幕。设置养老服务、适老化产品 2 个主展区，养老金融、旅居养老、智慧养老、综合服务 4 个分展区，集中展示国内外养老服务前沿科技和最新成果；《旅居养老地图》发布，展示了宁夏旅居养老服务机构的分布和详细信息，包括首批 39 家旅居养老机构

表 10　青海塑造高质量发展的康养文旅产业实践一览表

产业现状	2023 年，青海共有国家公园 1 个、自然保护区 9 个，其中国家级自然保护区 5 个。湿地面积 712.39 万公顷，其中自然湿地面积 704.21 万公顷。5A 级景区 4 个。 2023 年，青海接待游客 4 476.35 万人次，同比增长 107.4%，实现旅游总收入 430.64 亿元，同比增长 196.3%
发展定位	发挥旅游资源丰富多元的独特优势，构建以西宁为中心、以青海湖生态旅游圈为环、东南西北多带的"一芯一环多带"生态旅游发展新格局，打造国际生态旅游目的地
政策脉络	（1）2016 年，发布《青海省"十三五"旅游业发展规划》； （2）2018 年，发布《关于加快全域旅游发展的实施意见》； （3）2019 年，发布《青海省扶持和促进中藏医药发展若干措施》（青政办〔2019〕2 号）；4、2021 年，发布《青海省关于促进养老托育服务健康发展的若干措施》（青政办〔2021〕104 号）； （5）2022 年，发布《青海省贯彻落实〈"十四五"国民健康规划〉若干措施》（青政办〔2022〕66 号）； （6）2024 年，发布《关于释放旅游消费潜力推动旅游业高质量发展的实施方案》（青生旅组办〔2024〕1 号）

（续表）

宣传活动	(1) 2015 年 8 月,青海省第十三届文化旅游节旅游产业项目推介会在西宁举行,"美丽中国－大美青海"丝路行暨青海与港澳旅游交流合作活动推介会举行; (2) 2017 年,大美青海走遍中国暨百景走百城旅游推介活动在河南、湖南、江西、福建等地举办; (3) 2018 年 6 月,全省旅游产业大会在西宁召开;8 月,"百年颐养 大美青海 甜蜜之旅"线路发布会在成都举行; (4) 2020 年 10 月,"大美青海·生态高地·旅游净地"青海生态旅游文化资源产品推介会在西宁举行; (5) 2021 年 6 月,首届中国(青海)国际生态博览会青海国际生态旅游目的地推介会在西宁举办。7 月,大美青海生态旅游专题推介会在 2021 西安丝路旅博会期间举办; (6) 2024 年 4 月,青海文化旅游推介会在香港举行; (7) 2024 年 7 月,举办全国首届高原康养医学学术研讨会,展示青海高原康养医学各方面最新科研成果,共同探讨"以医带养、以养助医"的高原康养发展路径

（张国安　魏松涛）

结　语

对养老行业来说,2024 年的一个标志性事件是中国 60 岁以上老年人口突破 3 亿。3 亿是什么概念? 这个数字超过了世界人口排名第四的印度尼西亚,仅次于排名第三的美国,并将很快超越美国总人口。

养老事业和养老产业相协同,主观和客观目标是满足老年人幸福生活的需要。养老是作为人类文明区别于其他生命群体的重要特征,更是中华民族传统美德和社会主义核心价值观的重要体现。老有所养、老有所依、老有所乐,是和谐社会的必然要求,而更加高质量的老年生活则对养老服务体系建设提出了更高的要求。

中国正在进入中度老龄化向重度老龄化的快速发展阶段,一方面对养老服务体系建设提出了迫切的要求,另一方面为养老产业发展提供了巨大的市场机会。后者作为银发经济发展的良好前景已经初露端倪。

银发经济作为国民经济的重要组成部分将越来越显示其重要地位。但现实中还有一些错误的观念和行为阻碍银发经济的发展。一种是对发展银发经济有顾虑,认为赚老人的钱是不好的,这显然是不应该的。我国的养老事业发展取得了巨大成就,并且仍将继续发展。但养老事业并不是养老服务的全部,它提供的是公共产品或准公共产品,其特征是宽覆盖,功能是保基本。而更加高质量的、可持续性的养老服务则有赖于养老产业的高质量发展。同时,养老产业的发展不仅不会影响养老产业的发展,还会与养老事业相互促进,相得益彰。正因为如此,《中共中央、国务院关于深化养老服务改革发展的意见》明确指出要"进一步激发养老事业和养老产业发展活力,更好满足老年人多层次多样化养老服务需求"。

另一种是对银发经济发展的前景认识不足、重视不够。许多人把银发经济狭义地理解为养老,甚至理解为机构养老。事实上,随着老年人口占比上升到30%乃至更高,未来整个经济体系中从研发创意到生产、分配再到消费,都应当有越来越大的部分是围绕老年人口,并由老年人的需求所决定。从产业经济学的角度看,它横跨第一、第二、第三产业,从而构成一个庞大的银发经济体系。这个经济体系既包括满足老年人衣食住行的物质生产,又包括满足他们文化娱乐和身心健康等精神需求的服务。

按照国民收入的支出法计算,2023年全国银发经济对GDP的贡献大概为18.59万亿～21.24万亿元人民币,占全年GDP的14.75%～16.85%。

国家卫健委预计,到2035年左右,我国60岁及以上老年人口将突破4亿,在总人口中的占比将超过30%。据此估算,到2035年按照支出法计算的GDP中,银发经济的贡献将超过30万亿元,基本上相当于目前全球经济总量居第四位的日本的GDP。所以我们没有理由不重视这一巨大的市场需求,并努力满足这一需求。

但现实的消费环境与老龄化社会还存在诸多不相适应环节,市场供给结构与老年人口消费升级不相适应,传统社会观念对老年群体的消费升级还有一定的阻碍作用,甚至对老年群体的消费存在不少主观和客观上的歧视。

为此要转变观念,为老年群体消费升级营造良好的社会环境;尽快建立与银发经济发展相适应的供需关系;积极行动起来为老年群体消费升级创造条件,尤其是要消除对老年群体消费的歧视现象。

银发经济是老龄化社会带来的特殊市场机会,它将成为中国国民经济的稳定器,对未来社会经济可持续发展意义重大。

（罗守贵）